ADHD:
¿Enfermos o singulares?

*Una mirada diferente sobre
el síndrome de hiperactividad y déficit de atención*

José María Moyano Walker
(compilador)

Grupo Editorial Lumen
Hvmanitas
Buenos Aires - México

Dirección editorial: Sela Sierra

Diseño de cubierta: Gustavo Macri

ADHD : ¿enfermos o singulares? : una mirada diferente sobre
el síndrome de hiperactividad y déficit de atención / compilado
por José María Moyano Walker. – 1ª ed. – Buenos Aires : Lumen,
2004.
128 p. ; 22x15 cm.

ISBN 987-00-0420-2

1. Hiperactividad   I. Moyano Walker, José María
CDD 618.928 589

© Editorial Distribuidora Lumen SRL, 2004

Grupo Editorial Lumen
Viamonte 1674, (C1055ABF) Buenos Aires, República Argentina
☎ 4373-1414 (líneas rotativas) • Fax (54-11) 4375-0453
E-mail: editorial@lumen.com.ar
http://www.lumen.com.ar

A mis padres,
que hicieron lo suyo para criar un hijo con ADHD
cuando nadie sabía de qué se trataba.

A Gabi, y su incondicional apoyo.

A Tomás, Pilar, Mauro y Octavio, siempre conmigo.

A todos aquellos que, de una u otra forma,
colaboran para que CEDAI continúe con su labor
en la prevención y la difusión del
síndrome de hiperactividad y déficit de atención.

A mis pacientes, en su continuo esfuerzo
por evitar el camino fácil,
trabajando en pos de un desarrollo integral para sus hijos.

Cada persona brilla con luz propia entre todas las demás. No hay dos fuegos iguales, hay fuegos grandes y fuegos chicos, fuegos de todos colores. Hay gente de fuego sereno que ni se entera del viento, y gente de fuego loco que llena el aire de chispas. Algunos fuegos, fuegos bobos, no alumbran ni queman, pero otros arden con tantas ganas que no se puede mirarlos sin parpadear, y quien se acerca se enciende.

Eduardo Galeano

PRÓLOGO

Un letrero de grandes proporciones, colgado en la pared del aula de anatomía, llamó mi atención desde el primer día de Universidad. En él, con letras de molde, estaba escrito:

Primun non nocere.

Pretendía enseñar a los futuros médicos que, antes que nada, se debía preservar la salud de los pacientes y, sobre todo, no infligir ningún daño mediante el tratamiento. Han transcurrido varios años desde entonces, y cabe preguntarse si los profesionales de la salud tenemos presente esa regla.

Tanto en Estados Unidos como en nuestro país, somos testigos del alarmante aumento en el consumo infantil de una droga denominada metilfenidato, conocida con el nombre comercial de Ritalina. Este medicamento pertenece al grupo de las anfetaminas y se utiliza para el tratamiento del Déficit de Atención e Hiperactividad Infantil (ADHD), un síndrome caracterizado por impulsividad, desatención e hiperactividad. Lamentablemente, se está abusando de esta medicación sin medir las consecuencias en el presente y en el futuro de estos niños. Recientemente la DEA informó que el uso de esta droga se incrementó un 700 % desde el año 1991. Las Naciones Unidas informan, a su vez, que en 1996 entre el 10 y el 12 % de los escolares varones en Estados Unidos consumían metilfenidato.

11

¿Cuál es el motor que impulsa en nuestra sociedad la utilización de una droga que actúa en el sistema nervioso de nuestros hijos y que provoca efectos adversos realmente peligrosos?

¿Será que nuestras maestras no conocen los instrumentos para ayudar al niño con síndrome de hiperactividad y déficit de atención o que a las autoridades escolares les resulta más sencillo manejar niños obedientes y ordenados que no retrasen al resto con sus dificultades de aprendizaje o sus problemas de conducta?

¿O podría ser que los padres estemos demasiado ocupados como para preocuparnos por las dificultades de nuestros hijos en la escuela? Después de todo, una píldora mágica que los hiciera portarse bien y estudiar sería mucho más fácil que la pesada tarea de ver qué es lo que les sucede. *O lo que nos sucede como padres...*

En mi práctica pediátrica, pude constatar que existe un alto grado de desinformación acerca de este problema, tanto en médicos, psicólogos y otros profesionales de la salud, como en las maestras y los padres.

¿El ADHD es realmente una enfermedad?

¿La medicación estimulante es la única solución al problema?

¿No estaremos drogando a nuestros hijos?

En algún momento, todos los padres nos hacemos preguntas como éstas, y es precisamente la intención de este trabajo aclarar todos estos conceptos de la forma más simple y profunda a la vez.

Desde hace varios años, un grupo de profesionales de la salud y la educación nos convocamos para constituir CEDAI (Centro de Estudios sobre Déficit Atencional Infantil), un organismo sin fines de lucro dedicado a la investigación y el tratamiento del síndrome de hiperactividad y déficit de atención, y otros problemas de conducta y aprendizaje de los niños y los adolescentes.

Conscientes de las dificultades de los profesionales, los padres y los docentes alrededor del ADHD, realizamos anualmente en CEDAI las Jornadas Interdisciplinarias sobre el Síndrome de Hiperactividad y Déficit de Atención. Esta publicación incluye las principales exposiciones de las conferencias y las mesas redondas de las II Jornadas, realizadas en el año 2002. A través de sus páginas, el lector encontrará una actualización científica del ADHD, así como las opiniones y los trabajos de diversos sectores de la salud y la educación. Además de los especialistas de CEDAI, participan, como invitados, profesionales con amplia trayectoria en ADHD. En estas II Jornadas se agrega el concepto de resiliencia aplicado al ADHD, en una excelente conferencia a cargo de la Dra. Mabel Munist, del Centro Internacional de Estudios sobre Resiliencia, de la Universidad Nacional de Lanús.

Es mi intención, como compilador, así como la de todos los autores, reflejar otra mirada acerca del síndrome de hiperactividad y déficit de atención, una mirada más pluralista, más tolerante respecto de la diferencia, con el concepto de *singularidad*. Confío en que hayamos podido lograrlo.

José María Moyano Walker

¿QUÉ ES EL ADHD?

José María Moyano Walker

El término ADHD proviene de una sigla que en inglés significa *Attention Deficit Hyperactivity Disorder* (trastorno por hiperactividad y déficit atencional). Mediante este nombre se reúne una serie de manifestaciones del orden de la conducta y la atención, caracterizadas principalmente por hiperactividad, desatención e impulsividad.

En general, afecta a niños a partir de la edad preescolar, pero puede extenderse a la adolescencia y hasta la vida adulta.

El tema no es novedoso: en países anglosajones, se lo conoce desde hace ya varias décadas, con diferentes nombres.

¿Por qué, entonces, en nuestro país "fue descubierto" recientemente? Posiblemente, una de las causas de nuestro acercamiento al ADHD sea la facilidad actual en materia de comunicaciones internacionales a través de la red Internet, el correo electrónico, además de la tan famosa globalización. Por otra parte, la ciencia siempre se ha inclinado a categorizar (por no decir etiquetar) a los pacientes, pues de esta forma resulta más sencillo su estudio y tratamiento. En este sentido, la posibilidad de reunir en una sola patología, y con un solo tratamiento, una serie de complejas situaciones emocionales y psicológicas, que involucran tanto al niño como a la familia y la sociedad, es una "tentación" muy fuerte para los hombres de ciencia.

¿Es tan frecuente como dicen?

Lamentablemente, sí. Solamente en Estados Unidos, más de tres millones de niños presentan el síndrome de hiperactividad y déficit de atención. Lo padecen entre el 3 % y el 8 % de los niños en edad escolar, y es entre cuatro y nueve veces más frecuente en los varones.

El niño que, presumiblemente, padece ADHD posee una atención lábil y dispersa que no da tiémpo a incorporar información e impide realizar una tarea prolongada (luego veremos que esta afirmación adolece de algunos puntos oscuros). Suele ser acompañada por hiperactividad motora y poca tolerancia a las frustraciones. Traduciendo: son niños a los que les cuesta mucho controlar sus impulsos, esperar su turno en una fila, atender lo que la maestra habla en clase, mantener silencio; en fin, todo lo que se espera de un niño durante la jornada escolar. Cuando se les formula una pregunta, responden antes de escucharla por completo, lo que genera una respuesta incorrecta, no por desconocimiento del tema, sino por no haber esperado la formulación completa. Esto hace que en algunas ocasiones se confunda su verdadero potencial intelectual. Como se distraen con frecuencia, se aburren, y por eso distraen a sus compañeros complicando la ya de por sí difícil tarea del docente.

Esto trae como consecuencia que el niño sea catalogado o etiquetado por las autoridades escolares como problemático y, posteriormente, enviado al gabinete psicopedagógico de la escuela, en el mejor de los casos. Digo "en el mejor de los casos" porque muchas escuelas de nuestro territorio no cuentan con un gabinete psicopedagógico, por lo que el niño posiblemente sea derivado a un neurólogo, quien, debido a su punto de vista parcial del problema, posiblemente le indique metilfenidato o alguna otra droga similar.

Como se puede apreciar, la noción de ADHD encierra distintos comportamientos o características que no siempre coinciden en el mismo niño. Todos estos comportamientos (me resisto a llamarlos *síntomas*) pueden reunirse dentro de tres áreas bastante bien delimitadas:

Hiperactividad.

Impulsividad.

Desatención.

16

Hiperactividad

La hiperactividad es posiblemente la característica que más se hace notar en los niños con síndrome de hiperactividad y déficit de atención. Mucho más frecuente en los varones, les produce una serie de trastornos, no sólo a los que la padecen, sino también a las personas que comparten de una manera u otra la vida cotidiana de estos niños.

¿Cuántos de nosotros no hemos visto o tratado a niños con características de hiperactividad? ¿En qué momento se convierte un niño travieso en un hiperactivo? ¿Hasta cuándo podemos, como padres, esperar que mejore espontáneamente? Evidentemente, si podemos resolver con éxito estas cuestiones, habremos solucionado la mayor parte de nuestro problema. Por lo tanto, es primordial apaciguarnos y tratar de diferenciar hiperactividad de inquietud, y notar que un niño *movedizo*, *"que tiene hormigas en la cola"*, no necesariamente sufre ADHD. Por eso, nada mejor que tratar de definir qué entendemos por hiperactividad.

Lo primero que deberíamos diferenciar es *hiperactividad* de *hipermotilidad*. ¿Qué significa esto? Según algunos autores, la hipermotilidad constituye una variante de la normalidad: simplemente, se trataría de niños con un patrón quinético o de psicomotricidad diferente, un poco más elevado que lo habitual para su edad. Son los clásicos traviesos, malcriados, que van de aquí para allá pero, como veremos más adelante, no son niños con algún impedimento más o menos importante que les dificulte realizar sus tareas. Casi me atrevería a decir que la mayoría de los niños que son llevados a la consulta por presentar características de hiperactividad, en realidad, presentan hipermotilidad. Es decir, son aquellos niños que no tienen problemas en terminar su tarea y a los que, además, les queda tiempo para ir a jugar con sus amigos. La diferencia es que su *velocidad* es un poco diferente de la del resto. ¿Y cuál es la recompensa? ¡Abrumar al niño con fútbol, tenis y natación hasta el punto de que el pobrecito se quede dormido hasta en la mesa!

¿Qué entendemos, entonces, por hiperactividad? Una de las definiciones más comunes dice que la hiperactividad cursa con un funcionamiento psicomotriz alto pero inadecuado para la edad y el contexto en el que el niño se desenvuelve. Es decir, no sólo es inquieto; esa inquietud lo perjudica porque no sólo le produce problemas en la escuela, sino que además lo hace propenso a correr riesgos y a sufrir accidentes. Es aquel niño que "se les va de las manos" a sus padres, hasta el punto que ellos se deciden a buscar ayuda, o bien son alertados por las autoridades escolares.

Otra de las características que diferencia la hiperactividad de la hipermotilidad es que la primera presenta un gran nivel de actividad sin un objetivo, sin un propósito determinado. Es propia de aquel niño que salta de una actividad a otra en una forma inadecuada para su edad. Otras veces se manifiesta como un movimiento continuo de las manos, los pies o los dedos, las más de las veces estereotipado. Como veremos más adelante, cuando hablemos del diagnóstico del ADHD, existen algunos instrumentos o escalas llamados "criterios diagnósticos del DSM-IV", una suerte de nomenclador de enfermedades mentales, de origen norteamericano. Pues bien, el DSM-IV expone algunos criterios para evaluar cuándo un niño presenta signos de hiperactividad, o simplemente de hipermotilidad. Veamos.

Criterios diagnósticos del DSM-IV para hiperactividad

- Frecuentemente mueve los dedos, manos o pies y/o se retuerce en forma inquieta en el asiento.

- Frecuentemente deja su asiento en el aula o en otras situaciones en las que se espera que permanezca sentado.

- Frecuentemente corre y/o trepa en exceso en situaciones en las que es inapropiado.

- Frecuentemente tiene dificultades en participar o disfrutar de las actividades de descanso y ocio.

- Está con frecuencia en funcionamiento permanente y/o a menudo está actuando como impulsado por un motor.

- Frecuentemente habla en exceso.

- Comienza a contestar o hablar antes de que hayan terminado de formularle una pregunta.

- Tiene dificultades para esperar su turno en una fila, en un juego o en una conversación.

- Frecuentemente interrumpe o se mete en las conversaciones o los juegos de los demás.

Si bien los últimos tres puntos, como veremos más adelante,

pertenecen más a la esfera de la impulsividad, el DSM-IV los incluye con el mismo puntaje.

Existen algunas circunstancias que delimitan mejor las características de hiperactividad: en general, se encuadran dentro de ciertos ambientes estructurados, como la escuela o el hogar, que presentan cierta persistencia en el tiempo. Asimismo, a los niños hiperactivos les cuesta bastante adaptarse a las reglas y obedecer órdenes. En realidad, para poder hablar de síndrome de hiperactividad y déficit de atención, estas características se deben acompañar de baja tolerancia a las frustraciones y de manifestaciones de impulsividad y desatención.

Otro de los aspectos de los niños con hiperactividad es su dificultad para conservar amigos. Por sus características, son niños que consiguen nuevas amistades con mucha frecuencia. Su hiperactividad y su impulsividad les permiten realizar acciones muchas veces temerarias, que difícilmente otros niños de su edad se atrevan a realizar. Gracias a esto, ocupan en seguida el lugar del líder, pero les cuesta tremendamente conservar a estos nuevos amigos, especialmente porque les exigen demasiado y, a decir verdad, muy pocos pueden seguirles el ritmo. Como consecuencia, y al quedarse cada vez más solos, buscan desesperadamente nuevos compañeros, y creen que sólo a través de estas " hazañas" despertarán su admiración y respeto.

Impulsividad

La impulsividad se manifiesta principalmente en dos áreas: en el comportamiento y en la adquisición de conocimientos. Los niños con impulsividad manifestada principalmente en el área del comportamiento no pueden parar y pensar antes de actuar. No importa cuántas veces sus padres les hayan advertido "Piensa un poco antes de actuar", ya que la siguiente vez sucederá lo mismo. A diferencia de la mayoría de sus amigos, los niños impulsivos no pueden aprender de sus propios errores. El umbral de aprendizaje es muy elevado en estos niños y, si sus padres o los docentes no los estimulan lo suficiente, no aprenden y cometen los mismos errores una y otra vez.

Los niños que padecen impulsividad no pueden esperar su turno en la fila o en un juego, "escupen" las respuestas en clase sin esperar que la maestra termine de formular la pregunta, hablan cuando se supone que deben permanecer callados y pueden mostrar un comportamiento agresivo, incluso pelear constantemente. Por impulso, dicen las palabras equivocadas en el lugar equivocado o interrumpen las conversaciones ajenas.

Según R. Barkley, la impulsividad implica un déficit primario en el comportamiento o en la responsabilidad inhibitoria, específicamente en la habilidad para demorar respuestas o la tolerancia para demorar intervalos entre las tareas. En otras palabras, la impulsividad sería una desinhibición de la capacidad de demorar la respuesta. Esto implica otras consecuencias que forman parte de las características generales de los niños con ADHD: la poca tolerancia a las frustraciones. El niño impulsivo no puede detenerse a evaluar la conveniencia de actuar o demorar la respuesta. No es capaz de sacrificar una satisfacción inmediata en pos de una mejor recompensa a largo plazo.

Veamos cómo califica el DSM-IV la impulsividad.

Criterios diagnósticos del DSM-IV para impulsividad

- Frecuentemente comienza a responder antes de que le hayan formulado una pregunta completa.

- Frecuentemente tiene dificultades para esperar su turno en la fila o en los juegos.

- Frecuentemente interrumpe o se mete en las conversaciones ajenas.

Como se puede apreciar, el DSM-IV otorga mucha menos importancia a la impulsividad que a la hiperactividad en el diagnóstico del síndrome de hiperactividad y déficit de atención. Más adelante, veremos cuáles son las posibles razones de esto.

Desatención

Podríamos decir que desatención es el déficit de un sujeto en lograr una adecuada intensidad, mantenimiento, selección y control del foco atencional, en especial si estos factores se manifiestan en el curso de tareas cognitivas estructuradas y no automáticas. Cuando hablamos de atención, hablamos de dos diferentes tipos de habilidades: la habilidad de focalizar la atención en algo frente a nosotros, como la tarea escolar, y la habilidad de prestar atención, en un sentido más general, al mundo que nos rodea, como sentir la ropa sobre nuestra piel o a los niños que juegan fuera del aula.

Para poder "prestar atención", debemos seleccionar lo que estamos atendiendo. Muchos niños con problemas de atención atienden a todo lo que los rodea, sin realizar esta selección, sin priorizar un foco sobre otro. Obviamente, esto se convierte en un problema si deben prestarle atención al cuaderno de clases. Estos niños deben estar muy motivados, muy interesados en lo que están haciendo, para focalizar y mantener la debida atención. Uno podría decir: "Pero ése no es el caso de mi hijo. Mientras él está con su videojuego, la casa se puede incendiar que no quitará la vista [la atención] de la pequeña pantalla." Puede ser, pero los videojuegos son brillantes, entretenidos, motivadores, divertidos, interactivos... Pónganlo frente a un ejercicio de matemáticas y veamos qué sucede.

La capacidad de prestar atención evoluciona con la edad. El tiempo que un niño puede permanecer atento a una actividad es de siete minutos a los dos años, nueve minutos a los tres años, trece minutos a los cuatro años y quince minutos a los cinco años.

Otras veces sucede que la atención del niño está puesta en un foco más intenso que el que tiene delante. Evidentemente, el recuerdo traumático de una discusión entre sus padres constituye un foco de atención mucho más potente que una monocorde clase de matemáticas.

En líneas generales, una persona puede trasladar su foco de atención de un estímulo a otro más global varias veces por segundo, sin por ello distraerse del foco principal. Eso se denomina flexibilidad. Parte del problema de atención de muchos niños con ADHD es que presentan poca flexibilidad en relación con la atención. Por ello, les es muy difícil abstraerse de su foco de atención cuando éste es interesante, como en el ejemplo del videojuego, o por el contrario, focalizar su atención en algo en particular cuando están abstraídos en estímulos múltiples, como en el caso de un problema de matemáticas una vez finalizado el recreo.

Por otra parte, algunos niños son capaces de focalizar su atención en un estímulo en particular, pero les resulta muy difícil mantenerla. Comúnmente, se los denomina "soñadores" o "que andan en las nubes". Su capacidad de mantener la atención en un foco determinado es muy corta: son aquellos niños que comienzan cinco tareas diferentes y no terminan ninguna.

Criterios diagnósticos del DSM-IV para desatención

- Frecuentemente le cuesta mantener la atención localizada en los detalles o comete errores por falta de cuidado en las tareas escolares, labores u otras actividades.

- Frecuentemente tiene dificultad para mantener la atención en las tareas o en el desarrollo de actividades lúdicas.

- No parece escuchar cuando se le dirige la palabra.

- Frecuentemente falla en el intento por seguir las instrucciones y/o fracasa en completar sus actividades escolares, sin que esto se deba a conductas desafiantes ni a falta de comprensión.

- Tiene dificultades para organizar sus tareas y actividades.

- Con frecuencia evita, manifiesta desagrado o rechaza comprometerse en la realización de tareas escolares o caseras que requieran un esfuerzo mental sostenido.

- Frecuentemente pierde los elementos necesarios para sus tareas, ya sea que se trate de hojas, encargos escolares, cuadernos, útiles, juguetes, etc.

- Se distrae frecuentemente por estímulos extraños.

- Se olvida frecuentemente de las actividades cotidianas.

Un poco de historia

Antes decíamos que el ADHD se conoce en otros países desde hace muchos años, pero con otras denominaciones. Veamos.

La medicalización de los problemas de conducta y de atención parece remontarse hacia el comienzo del siglo pasado, con los trabajos de George Frederick Still, del Royal College of Physicians in England, publicados en *The Lancet*. Still describió veinte niños observados en sus prácticas, que eran agresivos, desafiantes, resistentes a la disciplina, excesivamente apasionados o emocionales. Still creía que esos niños tenían una alteración de su "control moral", probablemente por una causa hereditaria o por un proceso posparto.

La relación entre los desórdenes de conducta y atención y las causas biológicas recibió un gran incentivo durante la epidemia de encefalitis que abatió a una importante cantidad de niños después de la Primera Guerra Mundial. Las crónicas de la época informan de niños con problemas de atención, pobre control motor, irritabilidad e hiperactividad.

En la década del treinta, se utilizó por primera vez una droga psicoactiva para el control de la hiperactividad. Un médico de Oregón, Estados Unidos, Charles Bradley, reportó que el uso de benzedrina, una droga estimulante, había sido eficaz para calmar a los niños hiperactivos.

En 1940, investigadores del Wayne County Training School, en Northville, Michigan, estudiaron los efectos psicológicos del daño cerebral en un grupo de niños con retardo mental. Entre los síntomas descriptos, encontraron desatención e hiperactividad. Su trabajo culminó en 1947 con la publicación de *Psicopatología y educación de los niños con daño cerebral*, donde se comienza a utilizar el concepto de *disfunción cerebral mínima*, de gran auge en las décadas de los años cincuenta y sesenta.

En 1957, Laufer y colaboradores identificaron el *síndrome de impulso hiperquinético*, y la hiperactividad pasó a ser el foco específico de medicación estimulante.

En 1961, se utilizó por primera vez la Ritalina en el tratamiento de la hiperactividad. En 1968, se acuñó el término *reacción hiperquinética infantil* como una entidad propia según la Asociación Norteamericana de Psiquiatría.

En 1962, el concepto europeo de *daño cerebral mínimo* fue reemplazado por el de *disfunción cerebral mínima*.

En 1966, Clements agregó algunos aspectos, como labilidad emocional o trastornos específicos del aprendizaje, a la ya considerable lista de síntomas del entonces *síndrome hiperquinético* o *disfunción cerebral mínima*.

En la década del setenta, el foco de interés de psicólogos y psiquiatras derivó hacia los problemas de la atención, más que hacia la hiperactividad. Como culminación de esta tendencia, la Asociación Norteamericana de Psiquiatría sancionó una nueva enfermedad: *ADD o Attention Deficit Disorder* (desorden por déficit de atención), sin hacer mención alguna sobre la hiperactividad, en la tercera edición de su *Diagnostic and Statistical Manual, o* DSM-III, publicado en 1980.

En ese año nació también el CHADD, una asociación de padres (niños y adultos con déficit de atención) en Estados Unidos. Con sólo 29 filiales en 1988, creció hasta tener 49 en 1994.

23

En 1984, Lou y otros publicaron una serie de trabajos realizados sobre la base de mediciones del flujo cerebral, donde proponían diferencias anatomopatológicas en ciertas áreas del cerebro, específicamente en la parte frontal y prefrontal. Al comienzo de la década del noventa, Zametkin comenzó a trabajar con la técnica de la tomografía por emisión de positrones. Hasta el momento, sin embargo, ninguna de estas técnicas ha brindado respuestas contundentes en la búsqueda de las causas fisiopatológicas del problema.

En 1987, la Asociación Norteamericana de Psiquiatría, en su revisión del *Diagnostic and Statistical Manual*, el DSM-III-R, volvió a incorporar el interés por la hiperactividad al crear el ADHD (desorden por desatención e hiperactividad) que reafirmó el DSM-IV de uso corriente.

GENÉTICA Y ADHD

José María Moyano Walker

La ciencia médica intenta, desde hace décadas, echar algo de luz sobre la tradicional disquisición entre lo heredado y lo adquirido en cuanto a la génesis de las enfermedades. La genética es la ciencia que estudia los mecanismos moleculares a través de los cuales algunas enfermedades se transmiten de generación en generación. Mediante el estudio de los cromosomas y los genes, específicamente de las diversas formas de replicación del ADN, esta rama de la ciencia procura establecer las bases, no sólo de los procesos patológicos, sino también de muchas de las características normales del ser humano.

El conocimiento del genoma humano, esto es, el mapa genético que conforma nuestro organismo, constituye un paso fundamental en este camino. Sin embargo, a pesar de los adelantos científicos que posibilitaron la situación actual, la genética se encuentra en una etapa experimental en muchas áreas de la salud, entre las que se encuentra el síndrome de hiperactividad y déficit de atención.

El ADHD no es el único cuadro en el cual los especialistas no se ponen de acuerdo en cuanto a su origen. Podríamos decir que la gran mayoría de las enfermedades mentales se encuentran en medio de este duelo entre lo genético y lo adquirido, lo heredado o lo aprehendido. Al formar parte de aquellas enfermedades que no presentan una entidad nosológica propia ni patrones clínicos patognomónicos, el síndrome de hiperactividad y déficit de atención está sujeto a una amplia gama de especulaciones respecto de su origen, entre las que se encuentra la dicotomía genético-adquirida.

Muchos indicios de la existencia de un patrón genético han sido presentados por la comunidad científica a lo largo de los años; por ejemplo, con estudios en gemelos idénticos criados en familias diferentes, o la observación de ciertas características del ADHD comunes en padres e hijos.

En la acera opuesta, los profesionales del área de la psicología proclaman la prevalencia de los factores ambientales en la génesis del ADHD; sobre todo, de aquellas experiencias en los primeros tiempos de la vida. No podemos ignorar la influencia que ejerce el medio ambiente, representado por la familia, la escuela, los amigos, las raíces culturales y demás. De hecho, un niño de Latinoamérica con síndrome de hiperactividad y déficit de atención presentará características totalmente diferentes de otro criado en los Estados Unidos, aunque ambos presenten criterios positivos para el DSM-IV.

Sin embargo, todo parece indicar, a juzgar por la velocidad con la que avanza la tecnología científica, que en poco tiempo estas discusiones no serán otra cosa que simple retórica.

Algunos indicios

Cuando el primer niño de una familia presenta criterios positivos para el diagnóstico del síndrome de hiperactividad y déficit de atención, el segundo hijo tiene entre un 20 y un 25 % más de probabilidades de estar también afectado. Si comparamos esta cifra con la posibilidad de padecer el síndrome en la población general (de 3 a 5 %), comprobaremos que la relación familiar es muy importante.

Investigaciones recientes informan que entre el 15 y el 40 % de los padres de niños con ADHD presentan un diagnóstico positivo ellos mismos, comparado con el 3 al 7 % en la población general. Incluso en parientes más lejanos, como abuelos o tíos, la incidencia es mayor frente a la población general.

Una de las fuentes principales de información acerca de los aspectos genéticos del síndrome de hiperactividad y déficit de atención es el estudio de hermanos gemelos. En Estados Unidos, alrededor de 30.000 pares de mellizos que incluyen un hermano con ADHD participaron de diferentes estudios. De estas investigaciones han surgido algunas conclusiones: cuando un gemelo idéntico padece ADHD, el otro gemelar tiene entre un 70 y un 80 % más de probabilidades de padecerlo también. En contraste, en estudios realizados a gemelos no idénticos, se ha visto que la posibilidad llega al 30 %, lo que es bastante lógico, teniendo en cuenta que los gemelos univitelinos (idénticos) comparten el 100 % de sus genes, mientras que los gemelos bivitelinos el 50 %.

Genes involucrados en el desarrollo del ADHD

Se cree que entre 10 y 50 genes diferentes contribuyen a la etiología del síndrome de hiperactividad y déficit de atención. Cuando los investigadores estudian los genes relacionados con el ADHD, pueden tener una idea previa acerca del tipo de gen "candidato", o bien pueden elegir al azar entre los más de 35.000 genes del genoma humano accesibles para su estudio. Basados en el conocimiento acerca del papel de los neurotransmisores en el síndrome de hiperactividad y déficit de atención, los estudiosos han limitado su búsqueda a aquellos genes involucrados con los neurotransmisores. Así, se han identificado por lo menos dos genes relacionados con la dopamina, el principal neurotransmisor involucrado en la génesis del ADHD. Estos genes son el DAT1, o gen transportador de dopamina, y un gen receptor de dopamina. Ambos han sido estudiados a través de investigaciones neurometabólicas en animales de laboratorio, debido a la acción de los medicamentos estimulantes del sistema nervioso relacionados con la dopamina y utilizados en el tratamiento del síndrome de hiperactividad y déficit de atención, como el metilfenidato (Ritalina).

Una alternativa diferente de investigación es el estudio del genoma humano mediante marcadores genéticos, es decir, a través de piezas de ADN del mapa molecular cuya ubicación en el genoma se conoce previamente. A partir de la observación de cientos de estos marcadores en familias con dos o más niños afectados por ADHD, podemos comenzar a localizar genes de riesgo, observando cuántas veces estos marcadores se repiten entre hermanos y parientes.

Recientemente, investigadores del Instituto Neuropsiquiátrico de la Universidad de Los Ángeles, California (UCLA), localizaron una región del cromosoma 16 que contendría un gen de riesgo para el síndrome de hiperactividad y déficit de atención. De todos modos, la investigación, publicada en *The Journal of Human Genetics*, sugiere que el gen puede contribuir, como mucho, en un 30 % en la génesis del ADHD. A través del hallazgo del cromosoma 16, la búsqueda de causas genéticas del síndrome se estrecha, pasando de 35.000 genes a 100 o 150 genes disponibles para su estudio. Un dato interesante que arroja la investigación de la UCLA informa que el gen de riesgo hallado para el ADHD también lo es para el autismo. Este dato no es menor, ya que clínicamente ambos síndromes no guardan correlación; pero a partir de este estudio se puede hablar de una raíz genética común.

Sin embargo, no todo es tan promisorio: los mismos investigadores admiten que el riesgo de que los individuos que portan los genes receptores y transportadores de dopamina desarrollen un síndrome de hiperactividad y déficit de atención es apenas 1,2 a 1,5 veces mayor que el de la población general.

Así como existen diferentes subtipos clínicos de ADHD, como el tipo hiperactivo o el inatentivo, también existen variantes genéticas. Algunas de éstas son el ADHD tipo DRD4, el tipo DAT1 y el tipo D3. Lo importante, sobre todo para los que no somos genetistas, no es memorizar los intrincados nombres de estos genes, sino tener cada vez más en cuenta los aspectos genéticos del síndrome de hiperactividad y déficit de atención antes de elaborar un diagnóstico.

A la luz de los adelantos científicos en el área de la biología molecular, podemos realizar algunas afirmaciones:

- Los patrones genéticos del ADHD pueden ser identificados.

- El mapeo genético ordena y clasifica esas identificaciones.

- El mapeo genético constituye un instrumento diagnóstico y pronóstico del síndrome de hiperactividad y déficit de atención, y colabora en la designación del tratamiento apropiado.

Los estudios realizados hasta la fecha presentan identificaciones genéticas relacionadas con algunas ubicaciones topográficas del cerebro. Como veremos en el capítulo de neurobiología, existen en el cerebro diferentes regiones involucradas en distintas acciones, como la memoria, el lenguaje o el control de los impulsos. Se han identificado algunos genes asociados con estas áreas cerebrales, específicamente con los neurotransmisores responsables de esas acciones.

De esa forma, sabemos que el comportamiento impulsivo, hiperactivo o distractivo se asocia con la región prefrontal del encéfalo, así como con el cuerpo estriado, otra estructura del sistema nervioso central. El neurotransmisor involucrado con estas áreas es la dopamina, y los genes identificados para ese transmisor son DAT1, DR, DR2, DBH y DY. Otras áreas topográficas del cerebro, sus acciones, los neurotransmisores y los genes involucrados, pueden ser vistos en la siguiente figura:

Hiperactividad Impulsividad Trastornos de conducta	N. orbital Frontal C. Estriado	Dopamina	DRD2 DBH, D4 DAT1
Lenguaje Lectura Atención	Parietal Temporal Locus coer.	Noradrenalina	ADRA2A ADRA2C COMT
Agresividad Conducta desafiante Depresión	Sist. límbico Hipotálamo Hipotálamo	Serotonina Péptidos Péptidos	Serotonin1B 5HT1B, cck CUP, ESR

En los casos de síndrome de hiperactividad y déficit de atención severo, podemos reconocer la mayoría de los genes involucrados con la dopamina; en cambio, en los casos leves y moderados, sólo algunos de ellos serán identificables. Según estudios recientes, se han detectado otros genes involucrados con el comportamiento y la presencia de patrones agresivos en los pacientes con ADHD. Éstos son: el D4, el DAT1 y el D2.

DIAGNÓSTICO NEUROLÓGICO DEL ADHD

Sergio Kosak

Vamos a tratar de traducir o transmitir no solamente terminología, sino los conceptos que, quizás por pertenecer a una disciplina distinta de la que ustedes puedan estar manejando habitualmente, pueden aparentemente no entender. En realidad, aunque el enfoque neurológico puro sea diferente de lo que están habituados a ver o trabajar, estamos todos hablando de lo mismo con un enfoque distinto, simplemente. Estamos viendo otro ángulo de la misma temática, que son los trastornos por déficit atencional, y lo que vamos a tratar de deducir es cuáles son las bases orgánicas de este trastorno y qué áreas del sistema nervioso estarían participando en la generación de este cuadro.

Todos acordamos un criterio común, que es el DSM-IV, un conjunto de cuadros clínicos que define según pautas muy estrictas cada cuadro clínico, cada síndrome, sus componentes y sus características. Todos, en mayor o menor medida, vamos a coincidir en esto, y no voy a ahondar demasiado porque creo que ya se habló en forma muy extensa.

Desde el punto de vista histórico, lo que hoy en día se llama ADHD y que en el futuro no sabemos si va a tener otra nomenclatura o se va a subdividir en otro tipo de cuadros, hasta el momento, es una entidad única que es el ADD o ADHD. Anteriormente tenía otra identificación, ya que se ponía a los chicos que padecían este tipo de problemas en una verdadera bolsa de gatos: el famoso chico hiperactivo iba junto con el que tenía problemas escolares o disfunción cerebral. Hasta ese momento, lo mejor que se había podido lograr era identificar el cuadro como algo distinto de otros cuadros e intentar algún tipo de terapéutica. Cuando estábamos frente a un chico inquieto, hiperactivo, con bajo umbral de reposo, veíamos, ya sea un cuadro orgánico o disfuncional, una disfunción cerebral mínima. En realidad, si lo vemos hoy en día objetivamente, el término "disfunción cerebral mínima" no quiere decir nada, pero en esa época estos chicos eran medicados. Además, para su desgracia, si el electroencefalograma detectaba una pequeña alteración, ya la medicación era definitiva y etiquetaba al chico.

Hoy en día se puede diferenciar (y seguramente habrá futuras diferenciaciones e identificaciones más sutiles) el ADHD de los problemas de índole emocional o de la esquizofrenia, el autismo, o incluso de algunos cuadros más específicos, como el síndrome de Giles de Tourette, que incluye tics complejos y que, a veces, se puede asociar con el ADHD. En fin, hay varias clasificaciones y subtipos, lo cual permite que estos chicos sean mejor tratados.

Existen varias evidencias de organicidad en el ADHD que se han ido encontrando, al principio como sospecha a partir de la evidencia clínica, lo cual quiere decir que, desde el punto de vista clínico, comenzó a identificarse un cuadro que era distinto de los demás; entonces, nosológicamente, es decir desde el punto de vista de la identificación de una patología, se dijo: "Aquí tenemos un cuadro de determinadas características y hay una cantidad x de pacientes que cumple con estas características y otra que no." Desde el punto de vista clínico, si bien no había evidencia de laboratorio, ya se podía sospechar una parte de organicidad sobre la base del cuadro clínico.

Hay mucha evidencia de esta organicidad, tanto desde el punto de vista de distintos tipos y técnicas de estudio como de las manifestaciones clínicas. Los estudios de neuroimágenes muestran características y alteraciones particulares del ADHD en relación con otras patologías y, por supuesto, en relación con la población normal. Los estudios metabólicos, que analizan diferentes sustancias metabólicas del organismo, también se ven alterados, y esto se puede demostrar con distintas técnicas y métodos. Esto ocurre a nivel molecular, y aquí tendríamos una identificación genética que aún no es del todo precisa con respecto a determinadas características de los genes involucrados en el ADHD. Sin embargo, podemos decir que se está avanzando mucho en esto y se sospecha que hay una diferenciación genética en estos cuadros.

Con respecto al cuadro clínico, hay una identificación nosológica del ADHD que lo diferencia de otros cuadros como, por ejemplo, el autismo. Esto se puede estudiar también desde el punto de vista de los estudios de imágenes y, dentro de éstos, tenemos los métodos de medición de metabolismo. En el sistema nervioso, en general, y el sistema nervioso central, en particular, lo que está dentro de la caja craneana está conformado por millones de neuronas interconectadas en forma de redes, que trabajan por un lado desde el punto de vista eléctrico. A su vez, se conectan a través de impulsos eléctricos con magnitudes de microvoltios y milivoltios. Para que ustedes tengan una idea, un milivoltio es la milésima parte de un voltio. Comparémoslo con nuestra corriente de 220 voltios. Y los microvoltios son la milésima de la milésima parte de un voltio. Esto lo digo para que veamos dentro de qué magnitudes estamos hablando. Todos estos grupos neuronales que conforman redes y circuitos trabajando entre sí para una tarea determinada, ya sea la función visual o la función auditiva, tienen, por supuesto, soporte sanguíneo, nutrientes como glucosa, y una serie de elementos y sustancias que permiten su funcionamiento. Todo esto se puede medir hoy en día con determinadas técnicas y métodos, y se puede inferir a través de imágenes durante una tarea determinada, como ver o escuchar qué áreas cerebrales están más ocupadas, es decir, ocupando más metabolismo que otras. Esto es lo que nos muestran algunos estudios de imágenes, y realmente es un aporte muy importante para el análisis de estos cuadros, hablando siempre desde el punto de vista neurológico. En estos estudios hay una definición estadísticamente significativa del metabolismo, o sea de la actividad de todas estas sustancias en las áreas cerebrales involucradas en los procesos de atención. Después vamos a ver en forma somera cuáles son estas áreas. Desde el punto de vista molecular, todos estos grupos neuronales, si bien trabajan por sinapsis eléctricas, son activados por estímulos (en el sistema nervioso, las dos funciones básicas son la excitación y la inhibición). En esto intervienen unas sustancias activadoras o inhibidoras, que son los neurotransmisores. Son generadas en determinadas porciones del sistema nervioso y pueden actuar a distancia a través del torrente sanguíneo, activando o inhibiendo determinadas funciones. Después vamos a ver cuáles son los principales de estos neurotransmisores.

Hay evidencias, entonces, de alteración de estas vías en el caso del ADHD, con disfunciones características con disminución de algunos tipos de neurotransmisores y, aparentemente, hiperactividad de otros. Desde el punto de vista genético, también hay evidencias de alteraciones características en este cuadro. Se sabe que hay casos con un patrón familiar, que son en realidad muchos más de lo que se supone porque, cuando esto ocurre en los adultos, ya pasó la etapa más crítica y pasa más desapercibido, con lo cual simplemente tenemos a un adulto con ciertas características particulares que a veces hay que analizar más detalladamente. Sin embargo, podemos hablar de un patrón de herencia que es muy claro en muchísimos casos.

Hablábamos recién de la clínica, definida por los criterios del DSM-IV, y de los estudios de imágenes que se realizan con la técnica de la llamada resonancia funcional. Ustedes habrán escuchado hablar de la resonancia magnética nuclear: es un estudio que nos permite determinar, en el nivel molecular, la diferencia de tejidos en el sistema nervioso. ¿Qué quiere decir esto? Los tejidos del sistema nervioso —estamos hablando de estructuras anatómicas—, básicamente del cerebro y del tronco cerebral, tienen distintas particularidades moleculares. La mayoría del cuerpo está formada por moléculas de agua que tienen hidrógeno y oxígeno. Cada molécula tiene una carga positiva y otra negativa, lo que hace que ambas se comporten en forma bipolar. Según el tejido de que se trate, ya sea la corteza cerebral, los tálamos o el tronco (en fin, las distintas estructuras del cerebro), va a tener distinta densidad de estas moléculas, lo que se ve gracias a la resonancia, que es un estudio realizado con un electroimán muy potente que ordena las moléculas en una misma dirección. Ustedes saben que la imantación produce una atracción del polo opuesto, por lo que todas las moléculas se ordenan en el polo opuesto, y después se envía una señal con una frecuencia determinada que se impacta y se registra en una película fotográfica. En esa película nosotros vemos bien en detalle la diferencia entre las distintas estructuras cerebrales, de modo que cada órgano tiene sus características a nivel molecular. Esto es la resonancia magnética.

Existe una técnica que se asocia a la resonancia magnética, en la que, además de ver los tejidos, se puede visualizar el metabolismo y, por ende, la actividad de algunas sustancias dentro del sistema nervioso. Por ejemplo, la glucosa, que es el nutriente fundamental del sistema nervioso, un azúcar, se acumula en la parte del cerebro que está trabajando en un momento dado, o sea en actividad. Con este tipo de estudios, podemos visualizar la acumulación

34

de glucosa y el flujo sanguíneo en las diversas áreas del cerebro. Ésta es la resonancia funcional. El PET, o tomografía por emisión de positrones, es una técnica por la cual, mediante una sustancia radiactiva, se marcan la glucosa u otras sustancias que penetran el cerebro para poder ver en qué áreas están más o menos concentradas. Es una de las técnicas que se utilizan para conocer la condición cerebral durante la realización de algunas actividades de audición, de visión, o actividades motoras, entre otras, y establecer patrones normales. Por ejemplo, en la población normal, cuando se mueve el brazo derecho, se activa el área motora izquierda en el área correspondiente al brazo. Si algo se escapa de esta respuesta normal, se debe a que hay una patología o se trata de un caso atípico. Con la atención pasa lo mismo, pues con la lectura y demás hay áreas específicas y se puede estudiar qué es lo que está alterado.

Con respecto a los estudios de metabolismo, hay distintas técnicas para evaluar los neurotransmisores (que son sustancias que activan distintos grupos neuronales), ya sea por este tipo de estudios de imágenes o por técnicas de dosaje a través de la sangre o de la orina en un laboratorio. Los estudios genéticos para analizar los cromosomas hoy en día son muy complejos.

El sistema nervioso se divide en sistema nervioso central y periférico. El sistema nervioso central está compuesto por el interior de la caja craneana, en donde se halla el encéfalo, que está compuesto por el cerebro más el tronco cerebral, y la médula espinal, que es parte del sistema nervioso central y corre por dentro de un canal formado por las vértebras. En el sistema nervioso central, básicamente en el encéfalo, se acumula la mayor cantidad de neuronas, redes y circuitos que hay en todo el sistema nervioso. A medida que nos acercamos a la periferia, esto se hace cada vez más escaso, y van predominando las vías que transmiten la información en una y otra dirección.

Al apreciar la estructura encefálica con más detalle, encontramos los polos occipitales, los posteriores, los polos frontales y los anteriores; vemos los frontales internos, el frontal basal, la cisura de Rolando, que divide el lóbulo frontal hacia delante y el parietal hacia atrás, el lóbulo temporal; tenemos también los occipitales, como dijimos, y el tronco cerebral.

En la superficie del cerebro, vemos surcos que se llaman cisuras. Éstos le dan a la corteza cerebral el aspecto arrugado, y este aspecto tiene origen filogenético. En realidad, la corteza cerebral es una especie de manto que cubre el sistema nervioso y está conformado por neuronas. Desde el punto de vista del desarrollo, en el embrión humano, la caja craneana se cierra antes de que termine de evolucionar o de madurar el cerebro, el cual se tiene que plegar sobre sí mismo con una determinación genética propia. Ésta es la explicación filogenética de por qué el cerebro es tan arrugado: se dice que, si se lo extiende en la superficie, ocupa 1,20 m^2. Allí se encuentra la mayor concentración neuronal.

Desde el punto de vista interno, los hemisferios cerebrales están conectados por un puente de sustancia blanca que se llama cuerpo calloso y, a través de los pedúnculos cerebrales, se conectan con el tronco cerebral. Algunas de las estructuras más importantes relacionadas con los procesos de atención son el lóbulo frontal y el núcleo caudado, que es una aglomeración de neuronas que cumple una función determinada, en este caso, el control de movimiento. Cuando el núcleo caudado es afectado, aparece una enfermedad que se llama corea, que consiste en una alteración muy característica del movimiento. Junto con el caudado, existen otros núcleos en la base del cerebro, que se llaman tálamo, putamen y globo pálido. Estas estructuras se relacionan no sólo con el movimiento, sino además con el desarrollo de la actividad y, en muchos casos, de la programación motora. Existen otras estructuras que conforman en conjunto lo que se llama el sistema límbico. Este complejo está formado por una estructura llamada amígdala, un núcleo relacionado con procesos de memoria y atención, de la que no se conocen aún todas sus funciones. A partir de la amígdala, hay otras estructuras que se conectan entre sí, como el tálamo, que es una zona de conexión de todas las áreas sensoperceptivas. El tálamo recibe las señales auditivas, visuales, táctiles, olfatorias y gustativas, y las modula antes de enviarlas a la corteza: es decir, es el modulador de todo lo sensoperceptivo y está conectado con las estructuras que mencionábamos antes, como la amígdala, o sea el sistema límbico.

Para no entrar demasiado en detalles, podemos decir que el sistema límbico es como un cerebro metido dentro de otro cerebro. Es como un cerebro primitivo, maneja las reacciones primarias, fisiológicas, como la huida o la defensa, y es el que genera la producción de una cantidad de neurotransmisores, como las catecolaminas, en respuesta a determinados estímulos del medio ambiente. El sistema límbico interactúa permanentemente con nuestro cerebro "nuevo" mediante procesos de excitación y de inhibición. El sistema límbico existe en casi todos los animales como un mecanismo de protección y supervivencia. En el ser humano, al existir una corteza cerebral desarrollada, está permanentemente inhibiendo el sistema límbico.

El lóbulo frontal tiene diversas funciones, algunas de las cuales se relacionan con estos temas que hoy estamos tratando. Por un lado, la zona motora maneja toda la función motora de un hemicuerpo: del hemicuerpo contralateral. Hasta hace muy pocos años, no se sabía qué funciones cumplía el resto del lóbulo frontal. Hoy en día se sabe que maneja muchas funciones relacionadas con lo atencional, parte de los procesos mnésicos o de la memoria, gran parte de lo que tiene que ver con el impulso y la actividad, y la función básica de exploración del individuo. Todas éstas son funciones esenciales para el desarrollo de la vida del individuo.

La técnica de tomografía por emisión de positrones nos marca en forma arbitraria una distribución especial de colores: el rojo marca las zonas de mayor actividad metabólica cerebral durante el reposo o determinadas actividades; y azul marca las áreas de menor actividad cerebral. En un estudio normal se ven, si bien no en forma precisa y matemática, las áreas frontales y occipitales con una actividad metabólica adecuada, lo que representa una adecuada consumición de glucosa y oxígeno por parte del cerebro.

En Estados Unidos, se han realizado estudios PET a adolescentes con ADHD. La PET se utiliza incluso en Estados Unidos en la etapa de investigación, más que como una aplicación clínica o diagnóstica individual.

La tomografía computada es uno de los diversos métodos de estudio que, en el caso de las funciones mentales, no nos es de utilidad, ya que no nos brinda imágenes en detalle de las estructuras cerebrales, como la resonancia magnética o la PET.

En un paciente con enfermedad de Alzheimer, vamos a ver comparativamente que, en las zonas temporales, hay una actividad menor (menos amarillo y menos rojo) que en una persona sana.

En un paciente con enfermedad de Pick, por la cual se van deteriorando los lóbulos frontales, vemos que éstos muestran en la PET una menor actividad manifestada por los colores oscuros. Esto es muy significativo, ya que son patrones que se repiten en los pacientes que presentan estas enfermedades.

En el ADD, se comprueba una disminución significativa, y esto no es un término calificativo en cuanto a la gravedad, sino en cuanto a los valores estadísticos, de actividad en la zona frontal. En lo que todavía no hay acuerdo, aunque alguna gente encontró diferencias, es en lo que respecta a una disminución de actividad comparativa entre zonas frontales del hemisferio dominante respecto del otro. De los dos hemisferios cerebrales, desde el punto de vista de la función, hay uno que predomina sobre el otro, y en la mayoría de los casos es el izquierdo (diestros). El hemisferio mayor tiene una función más analítica o matemática que el hemisferio menor, el cual tendría una función más perceptiva, y los dos se integran a través del cuerpo calloso, por un lado, interpretando lo sensoperceptivo, analizando y conectando la información, y dando respuestas en una verdadera interacción entre ambos hemisferios. Hay estudiosos que encontraron una disminución del metabolismo en el hemisferio menor y otros en el mayor. Lo más probable es que ambos hemisferios tengan una función metabólica disminuida en la zona frontal, comprobada por los estudios por imágenes. Éste es un dato bastante concluyente.

Es conveniente aclarar algunos conceptos de uso corriente, como por ejemplo los de *lesión funcional o lesión orgánica*.

Cuando hablamos de organicidad, estamos hablando de una disfuncionalidad originada en un sistema que trabaja en forma distorsionada. Distinta es una lesión del lóbulo frontal, que puede producir, en un principio, un cuadro clínico parecido al ADHD, pero que, a medida que el tumor continúa creciendo (en el caso en que haya tumor), van apareciendo otros signos. Distinta también es una alteración en la neurotransmisión: va produciendo la disminución de actividad porque hay poca oferta de neurotransmisores determinados, lo que produce una disminución de la actividad en las zonas neuronales correspondientes a la atención.

Cuando hablamos de una lesión cerebral, nos referimos a un cuadro donde claramente se identifica un elemento que está produciendo un daño en el tejido; en este caso, el cerebro. Éste es un tipo de patología neurológica: llámense tumores, hemorragias, infartos, etc. Cuando hablamos de trastornos funcionales, nos referimos al funcionamiento químico del cerebro, en donde hay una complejidad y una cantidad enorme de sustancias químicas que están alteradas, y esa alteración hace que determinadas zonas se vayan atrofiando. Esto no quiere decir que esas zonas desaparezcan, sino que disminuyen su actividad. Esto es compensable, no solucionable; cada vez se encuentran más formas de mejorarlo, no solamente desde el punto de vista farmacológico, sino también desde los mecanismos que ustedes muy bien conocen y manejan. Es una disfunción, así como aparentemente la esquizofrenia es una disfunción; anteriormente se creía que tenía un solo componente psicológico, pero se han demostrado recientemente disfunciones en el área de la neurotransmisión.

Una pregunta muy frecuente entre los profesionales de la salud es acerca de si corresponde al neurólogo, preferiblemente infantil, no sólo hacer un diagnóstico, sino también instaurar una terapéutica, o si eso correspondería más bien a un psiquiatra infantil según las normativas internacionales, en conjunto con una estructura de apoyo, interdisciplinaria. Desde el punto de vista diagnóstico, el neurólogo puede y tiene la obligación de hacer un diagnóstico si se encuentra frente a un paciente de estas características. Debe hacerlo a través de criterios clínicos, no sólo los del DSM-IV, sino también por el sentido común. A partir de allí, correspondería que el pediatra, el psiquiatra infantil y el equipo profesional instalasen la terapéutica.

Dr. Moyano Walker: Lo que estamos viendo en estos días es que todo el trabajo debe ser realizado en conjunto. Es muy difícil que un especialista, sea neurólogo, psiquiatra o psicólogo, pueda aisladamente, no sólo hacer un buen diagnóstico, sino menos todavía realizar un tratamiento adecuado. Como la situación es tan compleja y tiene tantos aspectos diferentes, los especialistas deben también manejarse en forma compleja.

Dr. Sergio Kosak: En efecto, creo que tanto el diagnóstico como la terapéutica deben realizarse en forma interdisciplinaria.

Desde el punto de vista metodológico, cuando nosotros hablamos del estudio de cualquier alteración mental, ya sea una afasia (que es una alteración del lenguaje), de ADHD o de otras patologías, tenemos que entender que vemos el proceso desde distintos ángulos, incluso desde el aspecto puramente neurológico, sin incluir aspectos psicológicos o sociales. Piensen que estamos mirando una fotografía digital del cerebro y, a medida que nos acercamos, vamos viendo diferentes planos que nos acercan cada vez más a estructuras más pequeñas. Es decir, son diferentes planos de análisis, no podemos mezclarlos. Una cosa es el plano anatómico, el plano funcional, y otra cosa es el plano molecular o químico. En este aspecto, encontramos vías de neurotransmisión; los neurotransmisores son proteínas elaboradas por el mismo cerebro, que producen activación o inhibición de determinadas zonas llamadas receptores. Antes se creía que los neurotransmisores actuaban por un mecanismo llave-cerradura; hoy en día se sabe que la cosa es un poco más compleja. Cada neurona tiene en su membrana una serie de poros que permiten la entrada y la salida de sustancias como glucosa, oxígeno y nutrientes, y otros poros que permiten el pasaje de neurotransmisores. Estos poros pueden aumentar o disminuir su número, según la disponibilidad de neurotransmisor circulante, entre otros factores. Las vías nerviosas son zonas por donde circulan los neurotransmisores y la información eléctrica. Los neurotransmisores que más nos interesan son las aminas y la acetilcolina. Esta última es la activadora de la unión de todas las neuronas entre sí, lo que posibilita que se enlacen millones de neuronas con otros millones de neuronas. En el grupo de las llamadas monoaminas, sabemos que éstas pertenecen al tipo activador de neurotransmisor. La serotonina es un neurotransmisor activador muy importante que se ve disminuido en muchos cuadros depresivos, y algunos fármacos antidepresivos inhiben la recaptación de serotonina, permitiendo la elevación de su concentración en el sistema nervioso. Las catecolaminas son los activadores por excelencia, y en ese grupo encontramos la dopamina, la noradrenalina y la adrenalina. Algunos de estos neurotransmisores actúan en determinados receptores, algunos activadores y otros inhibidores.

Si nos referimos a ciertas funciones básicas del cerebro, como la atención, veremos que ésta es una función de cualquier ser viviente mediante la cual se mantiene un estado de alerta en función del medio ambiente. Las estructuras anatómicas involucradas en esto son el tronco cerebral, con el sistema reticular activador ascendente, que conecta hacia arriba con los hemisferios cerebrales, y hacia abajo, a través de la médula, con el resto del organismo. Este sistema recibe los estímulos, los amplía y los envía a instancias superiores. El SRA se conecta con ambos tálamos, encargados, como veíamos antes, de la sensopercepción. De los tálamos, el estímulo se conecta con las áreas cerebrales. Según este esquema básico, podemos imaginar una situación en la que alguien está durmiendo y le tocan el dedo gordo del pie: si el estímulo no es lo suficientemente intenso, no se despierta; pero, si le pincho la planta del pie, esto genera una multiplicación de la circulación nerviosa a través del sistema activador, que llega a los tálamos, la corteza y, desde ésta, se activa la función de despertar. En este momento, todos los mecanismos de sensopercepción que permiten el mantenimiento de la vigilia, entre ellos la atención, se ponen en movimiento. Esto es, desde el punto de vista básico, el sistema del despertar y el mantenimiento de la vigilia. Estamos analizando las cosas desde un aspecto fisiológico muy básico, pero esto no explica, por ejemplo, los procesos voluntarios de generación y mantenimiento de la atención. Aquí entra en juego un mecanismo de la propia corteza cerebral a través de un proceso inverso al que nos referíamos antes, al activar los tálamos en una especie de circuito de realimentación.

Existen varias clases de atención, pero básicamente hay tres: la sostenida, la tónica y la dividida, que actuarían simultáneamente. También existe lo que se llama el estímulo distractivo, que desencadena el reflejo de distracción, por el que uno distrae la atención del foco principal momentáneamente. Todas éstas son características normales de la atención como función mediada por neurotransmisores a través de estructuras específicas.

En el ADHD, existiría una disminución de toda la actividad atencional, compensada o no por una hiperactividad que funcionaría como una actividad forzada para llenar ese vacío de la atención. En estos casos, se habría comprobado una hipoactividad de las zonas frontales del cerebro, no comparable con otras lesiones del lóbulo frontal. A esto se sumaría una disminución de los neurotransmisores activadores, como la dopamina.

En fin, creo que hasta aquí podemos hacernos una idea bastante completa de las estructuras y las funciones que se ven afectadas en el síndrome de hiperactividad y déficit de atención. No me referiré a la medicación estimulante del sistema nervioso porque es un tema que será tratado en otra conferencia.

Un enfoque diferente. Las medicinas alternativas y el ADHD

José María Moyano Walker

"La única medicina es la que cura."
Florencio Escardó

No sólo en el tema que nos ocupa, sino en todas las ciencias de la salud, las medicinas alternativas tienden a crecer y ocupar espacios cada vez mayores, situación imposible de imaginar algunas décadas atrás. La hiperespecialización y segmentación de la medicina moderna ha dejado una víctima en su arrollador avance: el hombre.

Científicos y médicos que se ocupan sólo en forma parcial de órganos, tejidos o funciones y hasta de pequeñísimas moléculas han dejado atrás al ser humano como totalidad, como unidad. Frente a este panorama, cuando acudimos a la ciencia médica por alguna dolencia, hasta nosotros mismos nos dirigimos al "especialista" en aquel órgano o aquella función que creemos que está fallando. ¿Quién necesita en estos días al médico de cabecera, aquel viejito simpático que nos ha visto nacer y que conoce hasta el más mínimo detalle de nuestra historia familiar? Mucho más rápido, práctico y expeditivo es el especialista. Sin embargo, de esta forma, nos hemos quedado sin ese oído atento y comprensivo, sin ese consejo a tiempo. La consulta médica actual dura apenas unos minutos, y el doctor está demasiado ocupado como para estrecharnos la mano cuando llegamos. Hasta podemos comprenderlo, pues para poder ganarse la vida necesita atender la mayor cantidad de pacientes, y el día tiene apenas 24 horas. Ya en la era socrática, se hablaba de "médicos de los ricos y médicos para los esclavos". Los primeros eran aquellos que se tomaban su tiempo con el paciente, lo revisaban cuidadosamente y, cuando lo encontraban por los caminos se detenían a hablarle, sabiendo de quién se trataba. Los otros, en cambio, apenas se tomaban el tiempo necesario para un mínimo examen y prácticamente no hablaban con su desdichado paciente. Si bien últimamente se intenta rescatar del olvido al viejo médico de familia, no debemos engañarnos, pues no se trata de que la medicina haya reflexionado sobre la calidad de la atención y del trato hacia el paciente. Por el contrario, las grandes corporaciones de atención de la salud recurren al médico de cabecera por cuestiones exclusivamente económicas, ya que de esa forma se reduce el número de consultas con especialistas, con la consecuente reducción de los costos. Desde esa óptica, resulta mucho más económico un solo profesional que atienda a toda la familia y que "filtre" las posibles consultas con especialistas.

Pero, por más que este tema sea objeto de los más variados análisis y especulaciones, no debemos olvidar que el asunto que nos preocupa es el ADHD. ¿Por qué terminamos hablando de los costos de la medicina moderna? Cada vez más frecuentemente, los padres se dan cuenta de que la medicina tradicional por sí sola, al igual que la psicología en forma aislada, como veremos más adelante, no alcanza a cubrir las expectativas con respecto a sus hijos con diagnóstico de ADHD. Mucho menos se encuentra en condiciones de abordar en forma integral el problema. Ante esta realidad, muchas familias, en su angustiosa búsqueda, se vuelcan hacia el prolífico campo de las medicinas alternativas, con resultados de lo más variados.

¿Y qué nos pueden ofrecer estas medicinas alternativas para ayudar a los niños con síndrome de hiperactividad y déficit de atención? Existen innumerables opciones: basta una simple mirada por las páginas de Internet que ofrecen alternativas a la medicina tradicional. Hay desde algunas que evidencian seriedad y sentido común (aunque no siempre rigurosidad científica) hasta aquellas que, a simple vista, lucen poco creíbles, y esta verdadera profusión de ofertas no hace otra cosa más que confundir a los ya atribulados padres. Las más de las veces, éstos llegan a tomar contacto con las medicinas alternativas después de un largo y penoso camino poblado de decepciones y fracasos, habiendo desembolsado una pequeña fortuna en estudios, análisis, radiografías e interconsultas con especialistas. Así llegan los pobres padres a un estado rayano en la desesperación, por demás angustiante, que no permite la más mínima tranquilidad ni claridad de ideas necesarias para evaluar objetivamente estas nuevas propuestas. Y es precisamente en estos momentos en los que se corre el peligro de comenzar un nuevo y tortuoso camino a través de las pantanosas rutas de algunas de estas "propuestas alternativas". A no engañarse: aquí se encontrará a mucha gente inescrupulosa cuyo único objetivo es el de enriquecerse a costa del sufrimiento ajeno. Por lo tanto, estimados padres, abran bien grandes los ojos y agudicen sus sentidos para detectar las buenas, serias y desinteresadas propuestas que nos acercan algunas de estas medicinas alternativas.

"La única medicina es la que cura", decía el entrañable Florencio Escardó, uno de los pioneros de la pediatría moderna argentina. Sin embargo, ¿estamos dispuestos a ceder a nuestros hijos en calidad de conejitos de Indias? La medicina tradicional observa de dos maneras esta profusión de tratamientos alternativos. Por un lado, aquellas propuestas que, si bien no cuentan con un riguroso control científico, no representan una amenaza para la salud, e incluso muchas de ellas acompañan con éxito un tratamiento convencional. Por otra parte, existen los denominados "tratamientos controversiales".

Por más convencido que se pueda estar de las bondades de alguna terapéutica, es necesario cumplir ciertos requisitos científicos para poder estar seguros de su eficacia y su seguridad. Si no, caemos en la tentación de practicar lo que se denomina "medicina anecdótica", muy riesgosa de por sí. Podemos entender, desde este punto de vista, el recelo que suele manifestar la ciencia o la medicina tradicional hacia este tipo de alternativas que esquivan las largas y rigurosas pruebas de control de calidad y seguridad a las que se someten los medicamentos o las terapéuticas para poder ser aprobadas. Desafortunadamente, los padres, independientemente de su inteligencia o nivel de educación, no poseen el entrenamiento ni la experiencia necesarios para identificar y evaluar aquellos tratamientos que han pasado satisfactoriamente estos rigurosos controles. Veamos, pues, cuál es el camino correcto para evaluar un nuevo tratamiento y poder así sacar nuestras propias conclusiones.

¿Cómo son evaluados los nuevos tratamientos?

Como decíamos, el camino que debe seguir un tratamiento en particular, para demostrar su eficacia y seguridad, es bastante arduo. El proceso comienza con la formulación de una hipótesis o una idea general, habitualmente basada en algún conocimiento previo. El segundo paso consiste en el desarrollo de un protocolo o una guía para evaluar la eficacia del tratamiento propuesto. Éste, así como la forma en que va a ser implementado, debe ser cuidadosamente definido. Los investigadores deben asegurarse de que los efectos del tratamiento no sean simplemente placebo (medicación sin efecto terapéutico alguno). Además, todos los participantes de la investigación, tanto los investigadores como los pacientes, deben ignorar cuándo reciben placebo y cuándo reciben el fármaco que se investiga. Esto se denomina "estudio a doble ciego". De otra forma, las expectativas de uno u otro sector podrían influenciar los resultados de las pruebas. También deben implementarse tests u otras técnicas de medición apropiadas, con las que la comunidad científica pueda evaluar los resultados. Finalmente, estos resultados deben ofrecerse a la comunidad científica para su evaluación, deben publicarse y darse a conocer apropiadamente, para que otros científicos repitan los procedimientos con el fin de obtener resultados similares.

¿Cumplen todas las ofertas de la medicinas alternativas con estos postulados?

Evidentemente no, por lo que, en general, no son bien vistas por la comunidad científica. Muchas de estas terapias alternativas funcionan debido a un "efecto placebo", es decir, gracias al grado de sugestión o creencia del paciente en el momento de recibirlos. Si bien el aspecto empírico o "mágico" forma parte de todo tratamiento y no debe ser subestimado, no debería ser el único pilar sobre el cual descanse una propuesta terapéutica. Veamos, pues, las diferentes ofertas de este importante sector de la salud en relación con el síndrome de hiperactividad y déficit de atención.

Intervenciones dietéticas

Anteriormente hacíamos mención a una corriente de pensamiento que adjudica un papel importante, en la génesis del síndrome de hiperactividad y déficit de atención, a los aditivos y los colorantes artificiales que son agregados a los alimentos que habitualmente ingerimos. Otros hablan del papel de los azúcares en relación con el ADHD. Uno de los principales exponentes de esta corriente fue el Dr. Feingold, un conocido nutricionista norteamericano que elaboró una dieta, posteriormente popularizada como la "dieta de Feingold", que generó una impresionante adhesión entre los habitantes del país del norte. A través de los años, los seguidores de este tipo de intervenciones dietéticas han sostenido que la dieta libre de aditivos mejora la atención y soluciona los problemas de aprendizaje en los niños. Describen casos en los que los pequeños pacientes pudieron abandonar la medicación estimulante para ADHD gracias a los beneficios de este tipo de dietas, así como también experimentaron un deterioro en el rendimiento escolar cuando do ellas eran abandonadas. A pesar de la popularidad de estas intervenciones, pocos estudios han demostrado seriamente su utilidad.

Los estudios acerca de una probable relación entre la alergia y los problemas de aprendizaje o el ADHD muestran la misma falta de rigurosidad científica.

Por otra parte, la relación entre el síndrome de hiperactividad y déficit de atención y la ingesta de hidratos de carbono ha sido motivo de gran cantidad de estudios, aunque son pocas las evidencias obtenidas hasta el momento como para establecer algún tipo de conexión. Todo parecería indicar que las consecuencias de una dieta rica en aditivos o conservantes artificiales no iría más allá de las complicaciones para la salud en general.

Vitaminas y minerales

Otra creencia muy arraigada en la población es que la deficiencia de ciertos minerales y vitaminas produce trastornos de atención y aprendizaje. Sería conveniente, en primer lugar, discernir de qué vitamina o mineral estamos hablando. En el caso del hierro, existe una relación directa entre el aporte insuficiente de éste a una determinada edad y una posible alteración en el desarrollo de ciertas funciones neurológicas. Al nacer, el niño posee un depósito de hierro que se ha ido acumulando a lo largo de la gestación. Si la madre presentó anemia no tratada durante el embarazo, este *pool* de hierro va a ser inferior. Dado que ni la leche materna ni los suplementos de leche de vaca poseen este mineral en concentraciones y calidad adecuadas, el depósito de hierro infantil se va agotando con el paso del tiempo. La próxima cuota de hierro provendrá de los alimentos de la dieta, especialmente de las carnes rojas. Pero este tipo de alimentos recién serán recibidos en cantidades adecuadas alrededor del año de vida, por lo que durante un lapso de unos seis meses el niño tendrá un contenido de hierro deficitario, lo que podría alterar el desarrollo de ciertas estructuras cerebrales, con el consiguiente deterioro de la atención y el aprendizaje futuros. Por lo tanto, es muy importante suplementar con hierro medicamentoso durante el primer año de vida, lo que afortunadamente constituye una práctica habitual entre los pediatras.

Otros minerales, como el zinc o el magnesio, han sido relacionados con la génesis del ADHD. Se necesitan aún más estudios científicos para corroborar estas teorías que, por otra parte, suenan bastante razonables. Existe una corriente de pensamiento denominada "psiquiatría ortomolecular" que propone la utilización de altas dosis de vitaminas y minerales, incluidos los antioxidantes, las vitaminas A y E, el picnogenol (una sustancia obtenida a partir de extractos vegetales) y el gingko biloba, como tratamiento para el síndrome de hiperactividad y déficit de atención. De acuerdo con esta teoría, algunas personas sufren una alteración genética que resulta en necesidades elevadas de vitaminas y minerales. Por otro lado, los antioxidantes se anuncian como sustancias que eliminan los "radicales libres" de la circulación. Estos últimos, siempre siguiendo esta teoría, causarán trastornos de conducta y aprendizaje, así como envejecimiento prematuro.

Si bien una buena alimentación y una adecuada provisión de vitaminas y minerales contribuyen a mantener un buen estado de salud, la posible relación entre el síndrome de hiperactividad y déficit de atención con una inadecuada nutrición no ha sido aún fehacientemente demostrada.

¿Una alteración del equilibrio?

Otra de las teorías que proponen las medicinas alternativas tiene relación con una probable alteración del oído interno, en el nivel vestibular. En esa zona anatómica está ubicado el órgano del equilibrio. Según estas teorías, el ADHD podría beneficiarse con el tratamiento del síndrome vestibular o vertiginoso, que consiste en la pérdida del equilibrio. Sin embargo, aún no se dispone de información seria para avalar esta teoría.

Biofeedback

Uno de los sistemas de diagnóstico y tratamiento propuestos por el área de las terapias alternativas que mayores respuestas encuentra en la comunidad es el *biofeedback*. Según esta técnica, los niños con ADHD pueden ser entrenados para mejorar su actividad cerebral asociada con la estimulación de la atención y la disminución de actividad neurológica asociada con la distracción. La técnica del *biofeedback*, o retroalimentación biológica, involucra la medición de la actividad eléctrica en varias zonas cerebrales. Esta información es cargada en una computadora, en donde se transforma en señales auditivas o lumínicas que, a través de un juego de video interactivo, son "devueltas" al paciente. Utilizando esta señal como retroalimentación, el niño está en condiciones de estimular ciertas ondas cerebrales y de inhibir otras. El entrenamiento requiere unas cuarenta a ochenta sesiones, cada una de unos cuarenta minutos de duración. Dado que las sesiones tienen una frecuencia de dos a tres veces por semana, el tratamiento puede extenderse a diez meses o más. Independientemente de sus elevados costos, este sistema no ha sido debidamente estudiado. Los resultados publicados son demasiado buenos para ser ciertos, y los pocos estudios realizados presentan muestras de población insuficiente o carecen de casos testigos.

* * *

Por último, entre otras teorías alternativas que se pueden conocer a través de los medios, encontramos la aplicación de técnicas kinesiológicas para estimular la circulación mediante masajes del cuero cabelludo; el entrenamiento optométrico, a través del cual se implementan ejercicios para la estimulación de los músculos oculomotores; y el entrenamiento auditivo, por el cual se mejoraría la capacidad de escuchar y procesar ciertas frecuencias de sonido.

En general, podríamos decir que estas tres líneas de tratamiento pertenecen a la amplia zona de la fantasía, y sólo logran hacer perder el tiempo y los recursos, a la vez que se aprovechan de la angustia y la desesperación de los padres. Debemos sospechar de cualquier oferta de tratamiento que se autoproclame "maravillosa", "increíble", etc., así como debemos evitar apoyarnos demasiado en testimonios personales, ya que muchas veces el entusiasmo se puede confundir con los resultados verdaderos.

El diagnóstico interdisciplinario

José María Moyano Walker, Lorena Doto,
Cristina Angelini, Silvia Boschin

Una de las principales dificultades que surgen al intentar realizar un diagnóstico acertado del síndrome de hiperactividad y déficit de atención es encontrar los instrumentos más adecuados. Desde el momento en que hablamos de un conjunto de manifestaciones del niño que se evidencian tanto en su casa como en la escuela u otros ámbitos, como el club o el gimnasio, es de esperar que las personas que frecuentan a los niños en estos sitios tan diversos tengan puntos de vista muy diferentes acerca del problema. En líneas generales, se puede llegar a sospechar que un niño padece ADHD a través de la familia, los maestros o los profesionales de la salud. Es muy variable el ámbito en el cual comienzan a observarse la hiperactividad, la desatención o la impulsividad. Factores como la edad del niño, las características familiares, su personalidad, el entorno social y cultural, y las exigencias académicas de la escuela a la que concurre modifican en forma sustancial el momento y las características del diagnóstico.

Por otra parte, si bien existen elementos disponibles para que los profesionales, los docentes y los padres puedan hacerse una idea bastante acertada acerca de las características de un niño en particular, esos elementos no siempre se encuentran al alcance de todos. Aun en el caso en que sean accesibles, suelen presentar no pocas dificultades para su aplicación e interpretación. Así, un cuestionario para padres de niños con características de hiperactividad o desatención puede ser lo bastante complejo como para que los resultados obtenidos de su aplicación no sean significativos o no tengan la rigurosidad científica suficiente. Hay que tener en cuenta que el proceso diagnóstico del síndrome de hiperactividad y déficit de atención es crucial, dado que de su correcta realización dependerán el futuro de un niño y la posibilidad de acceder al tratamiento adecuado.

Habitualmente, los padres de un niño o una niña con características de ADHD no suelen aprovechar todos los elementos que tienen a su alcance para que su hijo arribe a un diagnóstico adecuado. Esto se debe, en la mayoría de las ocasiones, simplemente, a que desconocen su existencia. Muchas veces se sienten erróneamente culpables, al creer que no educaron bien a su hijo o, por lo menos, que no fueron lo suficientemente severos con su conducta. Otras veces, suelen minimizar algunas manifestaciones de impulsividad, hiperactividad o desatención de sus hijos al considerar que forman parte de su personalidad o de su carácter. También es muy común que se vean reflejados en ciertos comportamientos de sus hijos y que consideren que, simplemente, han heredado estas conductas, al recordar que ellos mismos las manifestaban de niños.

Todas estas actitudes revelan una profunda desinformación que puede llevar a un subdiagnóstico o a un sobrediagnóstico del problema, por lo que muchos niños que realmente necesitan un tratamiento adecuado no lo reciben, así como otros son medicados con estimulantes, sin completar los criterios diagnósticos para ADHD. Afortunadamente, cada vez los padres toman más conocimiento de las escalas especialmente diseñadas para ellos, como el test de Conner para padres. Sin embargo, el pediatra, en su calidad de responsable de la salud infantil, debe estar preparado para aconsejar y guiar correctamente a los generalmente desorientados y angustiados familiares.

A su vez, los profesionales de la salud, como los pediatras, los neurólogos, los psicólogos y los psicopedagogos, cuentan con los elementos adecuados para el diagnóstico: los criterios del DSM-IV, el examen físico, la historia familiar, etc. Lamentablemente, pocas veces los niños con presunto ADHD son llevados a la consulta médica o psicológica oportunamente y, cuando lo hacen, han deambulado por innumerables gabinetes o consultorios sin resultados satisfactorios, con un gasto económico elevado y la paciencia agotada. Además, es alarmante el grado de desinformación acerca del ADHD entre los pediatras, que son los que más conocen la salud de sus pequeños pacientes. Muchas veces, al ser consultados por los padres acerca de ciertas características de la conducta de su hijo o de su bajo rendimiento escolar, los pediatras se limitan a derivar al pequeño paciente al neurólogo o al psicólogo, sin haber profundizado de un modo suficiente el diagnóstico. Desafortunadamente, los pediatras tienen muy poco tiempo y muy poca experiencia en el manejo de tests y cuestionarios como el del DSM-IV, por lo menos en Argentina; por lo tanto, si no se realiza la derivación con el neurólogo, muchos niños pierden su oportunidad de ser diagnosticados de ADHD.

Las maestras son las que tienen más posibilidades de detectarlo en la práctica, al interactuar con niños con probable síndrome de hiperactividad y déficit de atención; posiblemente porque, cuando el pequeño comienza el ciclo primario, es sometido a más exigencias académicas y de conducta. Muchas de las características del ADHD, como la impulsividad y la hiperactividad, se harán evidentes en el ámbito escolar, y no hay nadie más capacitado que el docente para evaluar si esas características forman parte de las generalidades de los demás niños o si, por el contrario, pueden relacionarse con un problema específico.

Lamentablemente, las maestras de la Argentina cuentan con pocos elementos para discernir si un niño padece del síndrome de hiperactividad y déficit de atención o no, como para poder alertar a los padres o iniciar un proceso diagnóstico a través del equipo de salud. Habitualmente, las docentes hacen más uso de su sentido común que de escalas o cuestionarios especiales, con las imprecisiones y las consecuencias que ello trae aparejado. En las pocas escuelas en las que sus autoridades comprenden la magnitud del problema y proveen a las maestras con elementos diagnósticos, utilizan las escalas de Conners, de origen americano, o las de Farré y Narbona, una adaptación de origen europeo de la primera a la lengua española. Estos cuestionarios, de indudable valor y utilidad en poblaciones de origen anglosajón, han demostrado ser poco aplicables en poblaciones que poseen otras culturas, otras pautas sociales y diferentes raíces históricas. Los pocos datos estadísticos sobre el ADHD en la Argentina demuestran que el uso de estas escalas por parte de las maestras exagera en forma significativa su real incidencia en el país.

Vemos, entonces, que el diagnóstico del síndrome de hiperactividad y déficit de atención es una tarea de por sí bastante ardua, y la mayoría de las veces se realiza mal, ya sea en forma incompleta, o bien a través de una sobredimensión del problema. Sin embargo, existe una posibilidad de arribar a un diagnóstico acertado, mediante la interdisciplina. Hemos visto que los esfuerzos realizados por los docentes, los profesionales de la salud, y por los propios padres no han dado los resultados esperados, tal vez porque esas iniciativas se sucedían en forma aislada. Es muy común que el médico de un niño con dificultades de aprendizaje o de conducta no esté al tanto del trabajo que realiza la familia del niño con su psicóloga. Peor aún, muchas veces los mismos integrantes del equipo de salud compiten entre ellos por la solución del problema, y el único perjudicado es el propio niño. Las maestras son, en general, las últimas en enterarse, si es que lo hacen, de los avances o los retrocesos del tratamiento médico o psicopedagógico del niño.

En contraposición con lo anterior, desde hace algunos años se está trabajando en algunos ámbitos con el concepto de interdisciplina, más que de multidisciplina. Es decir: si existe un centro de salud o una obra social que nuclea a varios especialistas, como pueden ser pediatras, psicólogos, neurólogos, etc., pero ellos trabajan en diferentes espacios físicos y no tienen posibilidad de comunicarse entre sí, estamos frente a un ejemplo de multidisciplina. Aquí es muy difícil que el diagnóstico sea adecuado, ya que estos profesionales no han podido intercambiar sus experiencias y sus impresiones acerca del paciente. Peor aún, la mayoría de las veces no hace falta que los especialistas estén separados físicamente pues, aunque trabajen en el mismo hospital o edificio, si el equipo es multidisciplinario, posiblemente ni se conozcan o incluso se invaliden entre ellos con sus impresiones diagnósticas.

Ahora bien, si el equipo de salud trabaja en forma conjunta, interdisciplinariamente, los especialistas compartirán sus impresiones en forma periódica, ya sea a través de reuniones, ateneos clínicos o incluso literatura científica. Lo más importante: compartirán una misma filosofía de diagnóstico y tratamiento, trabajando realmente en equipo. En este caso, el niño se verá inmediatamente beneficiado con un diagnóstico interdisciplinario. Vamos a ver cómo los esfuerzos realizados por los distintos integrantes del equipo de salud se beneficiarían a través de un trabajo de interdisciplina.

El pediatra frente al ADHD

Lunes, a las ocho de la noche, casi al final de una agotadora jornada en el consultorio de un prestigioso pediatra. Al experimentado especialista le bastó una rápida mirada para saber que Martín, ese chico de 9 años llevado por sus padres para una primera consulta, posiblemente estuviera afectado por el síndrome de hiperactividad y déficit de atención. Ciertas actitudes, el constante movimiento y las reiteradas interrupciones que hacía en la conversación que sus padres mantenían con el médico no hacían otra cosa que reforzar el diagnóstico presuntivo.

Lamentablemente, no todos los pediatras poseen experiencia en el diagnóstico y tratamiento de este problema. A diferencia de lo que sucede entre los neurólogos o los psiquiatras infantiles, los pediatras tienden a minimizar este tipo de manifestaciones y se muestran más cautelosos a la hora de administrar estimulantes del sistema nervioso como tratamiento del ADHD. Según consta en numerosas publicaciones científicas, la desinformación hallada entre los pediatras acerca del síndrome de hiperactividad y déficit de atención es creciente. Sin embargo, se están detectando algunos avances en la formación de los pediatras más jóvenes, tendientes a revertir esta situación. Posiblemente, uno de los motores que impulsa estos cambios sea la creciente demanda de consultas referidas a la hiperactividad, el déficit atencional o los trastornos de conducta y aprendizaje observados en los hospitales públicos. Pero debemos ser cautelosos: si esta población creciente que demanda soluciones a sus problemas no recibe una respuesta adecuada, se puede caer en el sobrediagnóstico y la sobremedicación, que son tan dañinos como la falta de un diagnóstico adecuado que deja fuera de los beneficios del tratamiento a otros tantos niños. Lamentablemente, la mayoría de los servicios de pediatría hospitalarios no cuenta con profesionales lo suficientemente preparados para realizar dichos diagnósticos, lo que da lugar a situaciones como la descrita.

En esta sección, analizaremos los elementos con los que cuenta el especialista en su consultorio para arribar a un diagnóstico adecuado del síndrome de hiperactividad y déficit de atención.

El tiempo, ese tirano...

Tanto los pediatras como los padres conocen los problemas que acarrea la distribución del escaso tiempo disponible en la consulta médica. En parte, debido a la ajustada realidad socioeconómica que atraviesa nuestra sociedad, el pediatra debe atender a la mayor cantidad posible de pacientes para que su actividad sea económicamente rentable. En horas pico, pueden circular por el consultorio unos cuatro o cinco pacientes por hora. Estos escasos diez o quince minutos de consulta apenas alcanzan para diagnosticar y tratar afecciones respiratorias, una otitis o alguno que otro control de salud. Sin embargo, la carga de angustia que presentan los padres de los niños con síndrome de hiperactividad y déficit de atención, y su lógica necesidad de información y contención, hacen que el tiempo de consulta supere holgadamente esos quince minutos, y que llegue a durar entre una hora y una hora y media. Imaginen ustedes cuál será el estado de tranquilidad que puede exhibir ese profesional, tan necesario en este tipo de consultas, si tiene la sala de espera repleta de pacientes acompañados de sus apurados padres. En un intento por paliar este tipo de situaciones, en los Estados Unidos los pediatras envían por correo una serie de cuestionarios que los padres completan previamente y envían de vuelta al especialista antes del día de la consulta. Por suerte, en nuestro país esta práctica no está generalizada. Dadas las características familiares, sociales y culturales de nuestra población, necesitamos el contacto directo, la figura del médico: nos cuesta entendernos con planillas y cuestionarios.

Sin embargo, de esta forma, continuamos con el problema del escaso tiempo de consulta pediátrica, con el consiguiente resultado negativo para la salud del niño que presumiblemente padece de síndrome de hiperactividad y déficit de atención.

Diferente es el caso de aquel pediatra que forma parte de un equipo interdisciplinario de salud dedicado al diagnóstico y el tratamiento de problemas de conducta y aprendizaje infantiles, entre ellos el ADHD. En este contexto, la consulta se puede extender sin mayores problemas, en la búsqueda de un diagnóstico adecuado.

Tanto para el caso del pediatra general como para el integrante de un equipo, lo ideal sería que la consulta inicial tuviera una extensión de unos cuarenta minutos, tiempo que, en general, resulta suficiente. En caso contrario, se puede concertar una segunda entrevista. Un esquema bastante útil consiste en mantener una primera entrevista con los padres, en la cual se traza una historia familiar y personal, y se analizan los exámenes complementarios que le fueron realizados al paciente. En la segunda entrevista, el pediatra realiza el examen físico del niño.

La historia clínica debe girar alrededor de algunas pautas o ejes temáticos con el fin de arribar a un diagnóstico responsable:

• Historia familiar y personal.

• Evaluación del comportamiento.

• Evaluación de la atención y del conocimiento.

• Evaluación de la agudeza visual y la capacidad auditiva.

• Análisis de los exámenes complementarios.

Un ambiente relajado y tranquilo, bien iluminado y sin demasiados elementos distractivos será suficiente para efectuar la consulta.

Historia familiar y personal

Éste es uno de los primeros pasos en la confección de la historia clínica del pequeño paciente. En líneas generales, cualquier elemento que cause daño cerebral puede representar un riesgo de ADHD. La prematurez, el bajo peso al nacer, la hidrocefalia, la injuria hipóxico-isquémica, así como las condiciones genéticas, como el síndrome de Gilles de Tourette, el X frágil, el síndrome alcohólico-fetal o el síndrome de *down*, constituyen algunos ejemplos. Es frecuente que los niños con alteraciones neurológicas más graves, como retardo mental o parálisis cerebral, presenten características del síndrome de hiperactividad y déficit de atención.

Muchas veces, los síntomas que muestra el pequeño paciente las presentaba alguno de sus padres cuando era niño. Posiblemente, ellos también hayan padecido ADHD y no hayan sido diagnosticados correctamente. Más de una vez, se instaura el tratamiento tanto del niño como de algunos de los padres, los cuales acceden por primera vez al tratamiento.

Evaluación del comportamiento

Muchos de los niños con un probable síndrome de hiperactividad y déficit de atención presentan trastornos de conducta o hiperactividad, por lo que se hace imperativo evaluar dichas manifestaciones. Para ello, apelaremos a la historia familiar y personal, la observación clínica, algunos exámenes complementarios y escalas específicas.

Muchos niños con ADHD sin el componente de hiperactividad presentarán tarde en su evolución trastornos de conducta, ya que, generalmente, en los primeros años presentan dificultades relacionadas con el área de la atención. Este subtipo es más frecuente en las niñas.

En general, hasta el niño más hiperactivo suele estar tranquilo en el consultorio del pediatra, sobre todo en la primera consulta, debido a que es frecuente que este tipo de síntomas no se manifiesten en situaciones o contextos desconocidos para el niño o demasiado estructurados. Una figura de autoridad externa a su familia, como el médico, también inhibirá las manifestaciones de hiperactividad. En estos casos, es beneficioso observar la conducta del paciente en la sala de espera, a través de la asistente o secretaria debidamente entrenada para tal fin.

La aplicación de los criterios diagnósticos del DSM-IV puede ayudar a discernir aquellos casos de síndrome de hiperactividad y déficit de atención con componente hiperactivo.

Los exámenes complementarios, como el electroencefalograma, la tomografía computada o los análisis de laboratorio en general, no son de mucha ayuda en estos casos. Técnicas más avanzadas, como la tomografía por emisión de positrones (PET), pueden ser de utilidad para diferenciar aquellas áreas del encéfalo que presentan menor flujo sanguíneo, pero sus hallazgos están todavía en una etapa experimental. La deficiencia de ciertas sustancias, como el hierro, el magnesio o el zinc, puede estar relacionada con la hiperactividad o la impulsividad.

Evaluación de la atención y del conocimiento

Como veremos más adelante, esta área generalmente es evaluada por la psicopedagoga. Sin embargo, el pediatra, a través de la observación del niño, de su forma de hablar, de relacionarse, de dibujar o, lo más importante, a través de la observación del cuaderno de clases, puede recabar información de utilidad para el diagnóstico.

La observación del cuaderno escolar es un recurso eficaz para conocer el estado de atención y la adquisición de conocimientos del niño. Esto no sólo es de utilidad para los niños con síndrome de hiperactividad y déficit de atención, sino que es una herramienta fundamental en la actividad pediátrica.

El médico de niños puede comunicarse con la maestra del pequeño paciente para recabar más información acerca del desempeño en la escuela.

El DSM-IV también aporta una sección de utilidad para el área de la atención y de la adquisición de conocimiento. Sin embargo, como veremos más adelante, la psicopedagoga, mediante la aplicación de diferentes tests, es la profesional que mejor evaluará estos aspectos.

El examen neurológico que puede practicar el pediatra en su consultorio es bastante rudimentario. Dado que el síndrome de hiperactividad y déficit de atención suele presentarse a través de lo que los neurólogos denominan "síntomas blandos" (manifestaciones clínicas sin su correspondiente correlato en los exámenes complementarios ni un patrón patognomónico propio), los pediatras no suelen obtener demasiada información de la evaluación del sistema nervioso en el consultorio. Los niños con ADHD presentan las mismas etapas en el desarrollo evolutivo que los niños sanos. Un dato interesante: en un trabajo científico reciente, se publicó que, en un grupo de niños de siete años afectados por el ADHD, el 29 % de los pacientes había presentado hipotonía muscular antes del primer año de vida.

Evaluación de la agudeza visual y la capacidad auditiva

Dicen que por mirar el árbol nos perdemos el bosque. Algo de eso sucede al evaluar al niño con un probable síndrome de hiperactividad y déficit de atención. Con más frecuencia de la deseada, los especialistas se encuentran frente a niños que llegan a la instancia de la medicación estimulante del sistema nervioso como tratamiento de un hipotético ADHD, cuando, en realidad, lo que presentan es una alteración de la agudeza visual o una disminución de la audición nunca antes detectadas.

Si lo pensamos bien, es bastante lógico. En la escuela, el niño que no ve bien o no oye adecuadamente no puede seguir el desarrollo de la clase, se aburre y se distrae, molesta a los compañeros y a la maestra. Por lo tanto, como castigo, se lo sienta en la última fila, donde verá y oirá mucho menos. Ante el agravamiento de la situación, la docente, visiblemente preocupada, hablará con los padres acerca de una nueva enfermedad que hace que los niños no atiendan o se porten mal y les dirá que, si consultan a un neurólogo, les recetará un medicamento que va a solucionar el problema, como les sucedió a varios chicos de la clase.

Recapitulando...

No existe un análisis de laboratorio, un test psicométrico o neurológico que haga un diagnóstico, por sí solo, del síndrome de hiperactividad y déficit de atención.

El pediatra debe realizar el diagnóstico de ADHD en su consultorio, basándose en los datos obtenidos de la historia clínica, la observación, el examen físico y la aplicación de escalas específicas.

El diagnóstico del síndrome de hiperactividad y déficit de atención nunca debería hacerse sobre la base de una respuesta positiva posterior a la administración de estimulantes del sistema nervioso.

El diagnóstico psicopedagógico

Tanto o más importante que el trabajo del pediatra, la labor de la psicopedagoga está destinada a evaluar el desempeño escolar, la maduración intelectual, la atención y el nivel de adquisición de conocimientos del niño. Los profesionales del área poseen gran experiencia en todo lo relacionado con la educación y mantienen contacto con la escuela, a través de las maestras y las autoridades, con el fin de arribar a un diagnóstico adecuado.

Además, la psicopedagoga mantiene una fluida relación con el resto de los profesionales del equipo interdisciplinario: el pediatra, la psicóloga, la asistente social y el neurólogo. De esta forma, su trabajo no queda encasillado en lo puramente técnico. Las profesionales del área cuentan con diversos instrumentos para evaluar la atención y el nivel de adquisición de conocimientos del niño. La dinámica se da a través de juegos, dibujos, actividades interactivas en la computadora, o mediante la aplicación de la batería de tests psicométricos.

La psicopedagogía se ocupa de las características del aprendizaje humano: cómo se aprende, cómo ese aprendizaje varía evolutivamente y está condicionado por distintos factores, cómo y por qué se producen las alteraciones de aprendizaje, así como también cómo reconocerlas y cómo tratarlas, qué hacer para prevenirlas y para promover procesos de aprendizaje que tengan sentido para los participantes. Pero no solamente considera estos temas desde el ángulo subjetivo e individual, sino que intenta abarcar la problemática educativa, para conocer las demandas humanas de modo que se produzca el aprendizaje, al señalar sus obstáculos y sus condiciones facilitadoras.

Se trabaja con el método clínico, por el cual se trata a sujetos particulares atendidos por otro sujeto (el psicopedagogo) en una interrelación subjetiva y hay una participación activa del consultante. Las intervenciones, verbales y no verbales, no tienen como finalidad " curar" eliminando síntomas, sino que procuran descubrir el sentido de esa problemática en el sistema de relaciones (familia, escuela, medio social) para que los pacientes encuentren otras formas de aprendizaje que les permitan superar los obstáculos existentes y que faciliten en el paciente la autonomía, el autocontrol y la autodirección de su aprendizaje.

El psicodiagnóstico es un proceso, o sea que es continuo y revisable. Si bien hay un tiempo al que denominamos "diagnóstico", que tiene una cantidad específica de encuentros, no queda cerrado: en el tratamiento se revisarán hipótesis porque tendremos en cuenta que, como sujetos que somos, se juegan en los encuentros deseos, ansiedades, además de transferencias y contratransferencias mutuas.

La idea principal es considerar al niño en su singularidad de sujeto, entendiendo que cada persona es única e irrepetible y que vamos, por lo tanto, a respetar sus formas de aprender, de trabajar, de mostrar, de situarse en el mundo. No buscamos que llegue a determinados parámetros, sino que trabaje como sabe. A partir de allí, evaluaremos junto con el entrevistado qué cambios son necesarios para realizar mejor su tarea.

En este proceso es fundamental tener en cuenta a la familia, porque la problemática del niño se sostiene y enlaza en forma ineludible en una trama familiar en la que constituye un elemento más, condicionado a partir de ella y recíprocamente condicionante. La problemática singular del niño se entreteje en la interdiscursividad, y ésta tiene su ocasión de despliegue en la situación clínica familiar.

Es importante, además, que un niño con ADD o ADHD pueda realizar adaptaciones específicas no sólo en el ámbito escolar, sino en todos los ámbitos donde se desenvuelve, y la familia y la escuela deben colaborar para que estos cambios sean posibles, a la vez que deben también adaptarse a estos cambios.

Si bien no es un tema fundamental en el psicodiagnóstico, haremos una breve referencia a "la cura", porque la familia tiene muchas fantasías al respecto y, en general, también el entrevistado. Una vez más, aclaro que no trabajamos para que el paciente llegue a determinados resultados social o familiarmente aceptados, sino que se tratará de reconocer los obstáculos que interfieren en su aprendizaje para que pueda encontrar otros aprendizajes que le resulten placenteros y productivos, sin perder su singularidad de sujeto.

Los tests psicométricos

El psicodiagnóstico evaluará el desarrollo cognitivo, madurativo, pedagógico en lengua y matemática. En general, se desarrolla como sigue:

Anamnesis con los padres para conocer la historia del niño desde su nacimiento (por lo general, a cargo del pediatra y la psicóloga del equipo).

Entrevista semiabierta con el niño, donde se intenta establecer un buen vínculo y conocerlo, tratando de determinar el porqué del diagnóstico, qué piensa, cómo se siente, cómo considera él su desempeño. Se le pide que nos relate sus experiencias escolares, familiares, sociales, sus preferencias, cómo ocupa su tiempo libre, cómo distribuye su tiempo, si se maneja en forma independiente, etc.

En el **área cognitiva**, se evaluarán la percepción, la atención, la memoria, el lenguaje y razonamiento, a través de pruebas específicas y otras no estandarizadas que amplían la información. Generalmente, las pruebas son: figura compleja de Rey, Stroop, algunas pruebas del Wisc, *memotest*, dilema, *traversi*.

La utilidad de aplicar el test de inteligencia es controvertida porque lo que interesa no es encasillar a un sujeto en un número de CI (Cociente Intelectual). En cambio, es conveniente evaluar la inteligencia con algunos subtests del Wisc, pero considerando más un aspecto cualitativo y con el desenvolvimiento en todas las demás pruebas.

En el área **madurativa**, evaluaremos la coordinación visomotriz y la organización espacio-temporal, a través de la figura compleja de Rey, la figura humana y el desenvolvimiento en todas las demás pruebas.

En la evaluación del **pensamiento**, analizaremos el nivel de estructura cognoscitiva con el que es capaz de operar en las distintas situaciones, a través de pruebas específicas y otras que no lo son (pruebas del diagnóstico operatorio, desenvolvimiento en juegos: raprigrama, dilema, etc.).

En el **área pedagógica**, vemos cuadernos de clase. Se concertará una entrevista con la escuela para ampliar la información relativa al desempeño, la conducta, la relación con los compañeros y los adultos de la escuela, el desenvolvimiento en materias especiales, los recreos, la relación de los padres con la escuela.

En el área de **Lengua**, analizaremos su producción, en cuanto al lenguaje oral y la escritura, la comprensión oral y escrita, los contenidos escolares. Por lo general, se hará través de invención de historias, lectura en voz alta, resumen de lo leído, juegos para formar palabras, oraciones, etc.

En el área de **Aritmética**, evaluaremos el razonamiento de las operaciones, la resolución de problemas, los cálculos. Dependerá de la edad del entrevistado qué pruebas utilizaremos pero, en general, importa saber cómo opera y no sólo que llegue a un resultado satisfactorio, a través de juegos didácticos o estandarizados como el subtest "Aritmética" del Wisc o juegos como "Olimpíada matemática", "Calculemos jugando", "Foggle", etc.

En el área **proyectiva**, evaluaremos su manera de expresarse gráficamente, sus fantasías inconscientes a través de un dibujo libre con relato y pareja educativa. En general, no tomamos más pruebas porque esta área va a ser indagada más profundamente por la psicóloga del equipo.

De acuerdo con la edad del entrevistado, las pruebas pueden variar pero, en general, se indagarán las mismas áreas. De todas formas, se evaluará a cada persona en forma individual con las pruebas más convenientes de acuerdo con sus características personales, y no se tomarán todos los juegos sino algunos, en función de qué nociones se están investigando.

No se tomarán los resultados de una forma estática ni al servicio de un encasillamiento, sino que, una vez más, nos apoyaremos en una mirada clínica y haremos una lectura del material para darle sentido.

La psicología frente al síndrome de hiperactividad y déficit de atención

En el proceso de evaluación del síndrome de hiperactividad y déficit de atención, la opinión del psicólogo, no sólo acerca de la salud psíquica del pequeño paciente, sino de la familia en su totalidad es esencial. Es muy frecuente observar que la sintomatología presentada por estos niños obedece más a un psicodinamismo familiar que a conflictos centrados en él mismo. Por lo tanto, es esencial que el profesional del área de Salud Mental entreviste a los padres para conocer el funcionamiento de esa familia.

Una de las primeras cuestiones que surgen al iniciar la evaluación gira en torno de la técnica psicológica utilizada o de la escuela psicológica a la que adhiere el profesional: el conductismo, el cognitivismo, la escuela psicoanalítica, etc. En realidad, toda teoría en sí misma y todas en su conjunto como tal presentan el inconveniente de partir de un absoluto previo a través del cual intentan explicar la realidad y darle un marco teórico. Lamentablemente, se suele terminar forzando esa realidad para que se adapte a ese marco teórico. ¡Cualquier coincidencia con la leyenda del lecho de Procusto es absolutamente cierta! Entonces, lo ideal sería correrse de un marco teórico prefijado, lo que no significa tener la libertad para hacer cualquier cosa en forma irresponsable. Allí es donde encontramos el concepto de singularidad, que ampliaremos en otro momento. La idea de la singularidad remite a que cada sujeto es tal en función de un conjunto de sucesos que se suman en una circunstancia. Entonces, desde este lugar no podemos pensar en un único modo de analizar el síndrome de hiperactividad y déficit de atención, sino que en cada sujeto tendremos cuestiones que tienen que ver con su propia modalidad de construcción del aprendizaje. Constituye un verdadero tramado de acontecimientos que relacionan ese ser singular con el mundo. Cuando ese relacionarse con el mundo se encuentra fracturado, trabado, imposibilitado, por angustia, por temor o dolor, estaremos frente a un niño con un problema o un síntoma que se convertirá en un problema para el docente o para sus padres. Muchas veces son niños que enfrentan alguna situación en la que los modos de atención o de conducta no se adecuan a la norma y presentan dificultades para apropiarse del aprendizaje.

Como muy bien lo marca Silvia Boschin: "En tanto pensamos en una singularidad frente a múltiples problemas, nos encontramos ante una complejidad, un entramado de múltiples atravesamientos donde no podemos encontrar uno que se comporte como determinante, sino que esos múltiples acontecimientos se agrupan formando un proceso. Los problemas neurológicos, las relaciones vinculares, las particulares características sociales y culturales, hasta cuestiones de tipo demográficas confluyen en un mismo niño que presenta problemas de aprendizaje porque no se adecua al modelo sin esperar a que el modelo se adecue a él."

Una de las dificultades que presentan los niños con este tipo de manifestaciones es la dificultad de poner en palabras, de verbalizar, lo que les sucede. Son chicos que actúan, cuyo lenguaje es un lenguaje de actos, y la palabra está representada por el impulso. Tienen, en general, muchos problemas para saber qué se espera de ellos, y viven en una situación de exigencia continua sin saber muy bien respecto de qué. Saben que están haciendo algo mal, que se portan mal, pero siguen sin saber qué es lo que deben hacer. Lo que sucede es que lo que se espera de ellos, desde el mundo del adulto, no se corresponde con su modo de ser, con su singularidad. Todo esto les deja una sensación de inadecuación, y se sienten permanentemente en falta, lo que contribuye a esa débil autoestima tan característica de estos niños.

Una pregunta que debe hacerse el terapeuta es qué sucede con los deseos de ese niño. Porque todo se centra en la falta y, sin embargo, lo que sucede es que el deseo no "circula" y está desatento a aquello que no le interesa. Esto se comprueba casi a diario al observar la destreza frente a la computadora, un instrumento musical, etc. Y es un factor tomado en cuenta en los criterios diagnósticos del DSM-IV, cuando se especifica que el niño puede mantener la atención sobre las cosas que le interesan; pero el DSM-IV no especifica que alguien puede tener el derecho a que le interesen otras cosas diferentes de las que el mismo DSM-IV considera. Lo que a veces sucede y complica bastante el panorama es que hay niños en los que cuesta determinar por dónde circula ese deseo.

Antes hacíamos mención de un contexto familiar. En ese aspecto, nos encontramos con algunas características familiares bastante particulares. Son familias con roles y pautas muy rígidas o, por el contrario, pautas demasiado ambiguas.

Lo ideal sería que ese niño pudiera encontrarse con aquello que le gusta hacer, con su deseo, y que pudiera "negociar" aquellas otras cosas que no desea y que no realiza tan bien, pero que, indefectiblemente, tiene que hacer. Pero esta negociación se debe hacer desde una trama familiar importante, puesto que aquella familia que no puede manejar las situaciones de conflicto mostrará una reacción cada vez más expulsiva de aquello que no puede comprender. La tendencia debe ser brindar a ese niño la posibilidad de ser aceptado tal como es, para que él mismo pueda aceptarse, hacerse cargo de sí mismo y de sus propias dificultades.

El verdadero trabajo interdisciplinario

Una vez finalizadas las evaluaciones correspondientes a cada una de las áreas mencionadas en este capítulo, los profesionales del equipo mantienen una serie de reuniones destinadas a unificar criterios diagnósticos. Este proceso es de por sí bastante arduo, ya que incluso dentro de un equipo interdisciplinario, donde la mayoría de sus integrantes responde a una misma línea de pensamiento o, al menos, a líneas similares, suelen surgir controversias que es necesario trabajar. De esta forma, el equipo evaluará y analizará cada una de las conclusiones individuales y elaborará un diagnóstico interdisciplinario.

Cada especialista elevará un informe por escrito que se sumará a un informe final del equipo. Se enviarán informes escritos a las autoridades escolares, al pediatra de cabecera o al profesional que haya realizado la derivación del paciente, donde constarán las conclusiones a las que se haya arribado y el tratamiento sugerido.

Los profesionales del equipo se reunirán personalmente con los padres del niño y les informarán con lujo de detalles las conclusiones a las que se haya arribado durante el período de evaluación diagnóstica. A su vez, el equipo deberá comprometerse a mantener una comunicación fluida con las autoridades escolares, para brindar asesoramiento e información las veces que sea necesario.

Únicamente dentro de este marco de trabajo interdisciplinario coherente y responsable, pero en absoluto rígido, se podrá arribar a un diagnóstico adecuado del síndrome de hiperactividad y déficit de atención.

ASPECTOS PSICOLÓGICOS DEL ADHD

Silvia Boschin

Con respecto al abordaje del paciente con ADHD, les voy a comentar algunas características que nosotros observamos, así como también algunas recurrencias que hemos visto en las tramas familiares, y después me gustaría que pudiéramos hacer un intercambio, con preguntas o aportes entre nosotros que, de alguna manera u otra, estamos trabajando en este tipo de cuestiones.

Mucha gente nos pregunta qué es lo mejor para el abordaje de la problemática: el conductismo, las técnicas cognitivas, el psicoanálisis. Tendría que decirles que toda teoría en sí misma y todas en su conjunto como tal tienen algunos problemas para mi gusto, basados en partir de un absoluto previo; es decir que todas las teorías quieren explicar la realidad y darle un marco teórico y, necesariamente, terminan forzando esa realidad para que encaje en ese marco teórico. Así, de alguna manera, depositan su mirada en un punto, que es aquello que explican, aquello que está en falta; en última instancia, es juntar factores que hacen que algo exista o, dicho en otros términos, encontrar un patrón conductual o encontrar que no funciona de acuerdo con una cuestión específica. En realidad, el problema es pensar que la cuestión pasa por una determinada mirada, por ejemplo, el tema del Edipo, o que el niño queda fijado a determinada imagen materna, por lo que no accede a otras cosas. Pero esto es pensar que todo pasa por la cuestión de Edipo, o sea, es pensar en términos de lo absoluto.

En este sentido, intentamos corrernos de un marco teórico previo. Esto no quiere decir que vayamos a hacer cualquier cosa, sino que, de alguna manera, la mirada está puesta más sobre la cuestión metodológica del abordaje, y del modo de concebir la situación de subjetividad que no pase por pensar en una forma de sujeto predeterminada. En todo caso, la subjetividad va a girar alrededor de múltiples cuestiones, ya que, en realidad, no hay un modo único, universal, tampoco individual, porque lo individual remite a lo universal.

La idea de singularidad remite a que cada sujeto es tal en función de un conjunto de sucesos que se aúnan en una circunstancia. Entonces, desde este lugar no podemos pensar en un único modo de analizar el síndrome de hiperactividad y déficit atencional infantil, un modo único de aprender, sino que en cada persona se puede pensar en cuestiones que tienen que ver, por ejemplo, con la construcción de una modalidad de aprendizaje o del tramado de acontecimientos, de acercamientos, de relación con el mundo, con el afuera, con nosotros. Esto se liga con la idea de la singularidad que, como yo les decía hoy a la mañana, está relacionada con la idea de la diferencia, pero no de la diferencia con el "de enfrente", en el sentido de decir "estamos los sanos, los que seguimos este patrón absolutista, moralista, y los de enfrente, los que se alejan de la norma, los discapacitados, inadecuados". Así, presentan a la persona desde la falta, desde lo que le falta para acceder al modelo. Si nos ponemos a pensar, toda nuestra terminología incluye el "dis": discapacidad, dislexia; o sea, todo el tiempo nos referimos a un patrón de normalidad. De este modo, por ejemplo, nos olvidamos de que los que llamamos "discapacitados", en realidad, tienen una forma particular de aprender y un despliegue muy importante de sus condiciones, que les son propias y singulares, y no por eso conforman una patología en sí misma. También podemos plantearnos lo siguiente: ¿Entonces nunca hay nada parecido a una enfermedad? En realidad, conviene pensar que podemos hablar de problemas o de síntomas cuando el relacionarse con el mundo de alguna manera se ve fracturado, imposibilitado, trabado, por angustia, por dolor que se convierten en un problema para el docente. Entonces, en el caso de un chico que está puesto en una situación en que los modos de atención que él tiene no se adecuan a la norma, y esto cursa con una dificultad de apropiarse del aprendizaje, podemos hablar de síntomas. Por ejemplo, no podríamos decir que un niño con síndrome de *down* tiene problemas de aprendizaje, ni siquiera que aprende según la "modalidad del síndrome de *down*", sino que aprende con la modalidad de "Carlitos Pérez", que padece síndrome de *down*. Ya que, de lo contrario, podemos caer en situaciones de discriminación.

En tanto pensamos en una singularidad, en tanto pensamos en múltiples problemas, nos encontramos ante una complejidad, un entramado de múltiples atravesamientos donde no podemos encontrar uno que se comporte como determinante, sino que cada vez se van a encontrar múltiples que se acompañan, dando una resultante de proceso. Los problemas neurológicos, las relaciones vinculares, las particulares características sociales, culturales e ideológicas y hasta las cuestiones de tipo demográficas confluyen en un niño que presenta problemas de aprendizaje porque no se adecua al modelo sin esperar que el modelo se adecue a él.

Entonces, visto desde este lugar, podemos empezar a pesquisar qué le pasa a un chico que presenta sintomatología de ADHD, o sea la tríada de desatención, hiperactividad e impulsividad. Una de las cuestiones que ustedes habrán notado es la dificultad de verbalizar. Son chicos que pueden decir poco de lo que les pasa, son chicos que actúan, cuyo lenguaje es un lenguaje de actos; la palabra es usada como impulso, como descarga, con la sensación de un impulso que no puede ser "pensado". Tienen, en general, muchas dificultades para darse cuenta de lo que se espera de ellos, y viven en una situación de exigencia, pero no saben acerca de qué. Saben que están haciendo algo mal (que se "portan mal"), pero no hay una noción de qué se les esta pidiendo. Porque, en general, estas peticiones manejan códigos del "deber ser" que no suelen acompañarse por su modalidad de ser, con su singularidad; entonces, no entienden qué es lo que se espera de ellos. Esto les deja una sensación de inadecuación permanente y de estar como pagando algo, por lo que se hacen cargo desde el lugar de falta. Esto, además de mucha bronca y resentimiento consigo mismos en un principio, también genera muchos sentimientos de culpa. Y esta mezcla realimenta todo el proceso, sobre todo la tendencia a la "imposibilidad". Además, son chicos muy sensibles que se angustian por cuestiones que los adultos ni nos imaginamos, que nos parecen nimiedades, pero que para ellos pueden llegar a cobrar una importancia insospechada.

Una de las preguntas que tendemos a hacernos es: ¿Qué pasa con los deseos? Porque todo es "falta", "no cumplimiento", "no resolución" y, sin embargo, lo que pasa es que o bien el deseo no circula y entonces no significa que el niño esté desatento, o está desatento a las cosas que no le interesan, que se supone que debe atender. Lo vemos en chicos que tocan muy bien un instrumento o que manejan la computadora. Pero no hay juicio puesto en lo que habitualmente son los contenidos escolares.

Pregunta del público: ¿Ésos serían los casos de ADHD típicos, entonces?

Lic. Silvia Boschin: Si usted toma el DSM-IV, le va a mostrar que el chico puede mantener la atención sobre las cosas que sí le interesan. Lo que no dice el DSM-IV es que alguien puede tener derecho a que le interesen otras cosas que las que el mismo DSM-IV considera.

Acá vemos que, como decía antes, hay una especie de trama que se va construyendo, o sea que no es sólo un problema de atención, sino que es todo un conjunto de problemas. Y lo que pasa a veces, y aquí se hace más complicado trabajar, es que hay chicos en los que cuesta encontrar por dónde circula el deseo. Porque todos son conflictos, broncas, sentimientos de inadecuación, pero no hay nada que nosotros encontremos más allá de esa inatención del principio, que represente una motivación importante para él. Aquí el tema se complica más. Muchas veces observamos que son chicos que tienen poca capacidad lúdica, con poco despliegue de lo imaginario, de la fantasía. Esto no quiere decir que sean menos sensibles; al contrario, lo que pasa es que es una sensibilidad muy "sin canal", que anda chocando por todos lados.

Comentario del público: Una de las características de esta impulsividad es la frustración: cuando los chicos sienten la impotencia de no poder expresar lo que en ese momento los está angustiando, pueden presentar arranques incluso con cierta violencia, lo que plantea el diagnóstico entre un ADHD o el comienzo de una patología *borderline*.

Lic. Silvia Boschin: Allí es cuando uno se siente en arenas movedizas, con el peligro que conlleva el tema de las etiquetas. Es conveniente dejar que se despliegue el proceso psicoterapéutico para ver por dónde viene la cosa; muchas veces tenemos que darnos la posibilidad de rediscutir con nosotros mismos nuestros propios diagnósticos, porque lo que a veces aparece como uno de los síntomas más importantes no es otra cosa que una situación del momento no contenida. Esto es algo que pasa, en general, en la clínica. También, en relación con esto, son comunes las llamadas "reacciones catastróficas" de los viejos libros de psiquiatría, en las cuales la hipersensiblidad de estos chicos desencadena reacciones para nosotros desproporcionadas.

Comentario del público: Con respecto al juego, he notado que estos niños presentan diferentes códigos en relación con otros chicos, y no pueden terminar el juego grupal. Sin embargo, si el juego tiene reglas claras y permite cierta flexibilidad para crear las propias de cada jugador, suele ser eficaz, como es el caso del TEG: con él estos chicos pueden jugar horas y horas, ya que el juego les permite, dentro de las reglas generales, crear sus propias estrategias.

Lic. Silvia Boschin: Todo esto es parte, como decíamos, de una trama, y esta trama no está fuera del contexto familiar. Nos encontramos con algunas cosas no esperadas en el trabajo con chicos con este tipo de problemas, que son algunas características familiares que vale la pena tener en cuenta y que para nosotros es importante trabajar sin hacer con la familia lo que habitualmente se hace con el chico. En principio, esta cuestión de no poder verbalizar también le ocurre a la familia. Existen familias donde hay mucho conflicto y en las que cuesta expresarse, comunicarse, y no nos referimos a lo estrictamente neurobiológico, sino a familias con pautas y roles muy rígidos. Muchas veces también nos encontramos con pautas ambiguas, en cuanto a que no se sabe qué va a explotar, porque lo que hoy se acepta posiblemente mañana no, pero la pauta de reacción es siempre autoritaria. Por eso, encontramos recurrentemente situaciones de violencia familiar, no necesariamente violencia física, sino violencia en el discurso, situaciones de maltrato.

Recordemos que no hay una relación causa-efecto entre la situación de violencia y el ADHD: es, como dijimos, parte de un entramado familiar al que el terapeuta puede entrar desde diferentes situaciones o diferentes lugares; por ejemplo, desde una situación de violencia.

Entonces, como nos planteamos este tema del síndrome de hiperactividad y déficit de atención en niños y adolescentes, hoy decíamos que el abordaje va a ser de tipo psicopedagógico clínico cuando los problemas en la esfera del aprendizaje son muy importantes, más una orientación a los padres. La idea es que el chico pueda encontrarse con aquello que le gusta y hace bien, y entonces poder "negociar" con aquellas otras cosas que no le gustan tanto ni realiza tan bien y que indefectiblemente tiene que hacer. Pero esta negociación debe sostenerse desde una trama familiar importante: si yo no puedo manejar una situación que me afecta a mí y a mi entorno, entonces la reacción es cada vez mayor y más expulsiva de aquello que no me gusta; soy más intolerante porque no me siento tolerado. Asimismo, debe dársele la posibilidad de aceptarse y de que la familia lo acepte como es y lo entienda. Debe ser capaz de hacerse cargo de sí mismo, de las posibilidades y también de las dificultades que deberá ver cómo resolver. Éstos constituyen lineamientos muy generales de un proceso terapéutico. Me gustaría silenciarme ahora un poco, y querría que ustedes nos contaran qué preguntas tienen, qué dudas, cómo pueden tratarse. En definitiva, sus experiencias.

Comentario del público: Yo trabajo en una escuela donde los chicos se reciben en cuatro años y son, en general, chicos que vienen de fracasos en otros colegios. Tienen muchos problemas familiares, pero estoy segura de que muchos de ellos son ADHD sin diagnosticar. A veces les pregunto qué van a hacer con su vida, de qué van a trabajar, qué van a estudiar, qué les gusta. Son chicos de 17 y 18 años, y la respuesta en general es "No sé". Es una lucha permanente con ellos, hay que trabajar y trabajar.

Comentario del público: ¡Qué buena oportunidad para ver en esos alumnos que están terminando el ciclo las malas políticas en materia educativa a las que hacíamos referencia esta mañana!

Comentario del público: Y esto les genera una frustración, un resentimiento muy importante. Es un punto en el que parecería que el sistema perdió el rumbo porque, aunque desde el análisis sabemos que no es así, es muy difícil encontrar en estos chicos intereses genuinos.

Comentario del público: Claro, el pasaje de la primaria a la secundaria se hace muy difícil en estos chicos. A veces, nos encontramos con colegios chicos o de muy pocos alumnos cuyos maestros han conocido al niño desde el jardín de infantes y, de una manera u otra, lo han guiado, sobreprotegido, porque se han encariñado, sin sospechar el mal que les estaban haciendo, ya que esos chicos se convierten luego en adolescentes que, al ingresar en la secundaria, no encontrarán esa sobreprotección en cada uno de los profesores, que apenas los llegarán a conocer.

Comentario del público: También es importante destacar, por lo menos en mi caso, que muchas veces los docentes no conocen el problema o, aun conociéndolo, no poseen los recursos para trabajar en la escuela. Un poco la pregunta es: ¿Qué hacemos, cuándo podemos determinar la capacidad de deseo del chico?

Lic. Silvia Boschin: En principio, no somos nosotros, como terapeutas, los que determinamos esa capacidad, sino que la expresa él. En todo caso, cuando puede expresar el deseo, ya tenemos mucho terreno ganado porque podemos trabajar con él desde su deseo: por ejemplo, si manifiesta que le gustan los juegos de computadora, en vez de decirle "Sos un vago o un tonto porque sólo te interesan los jueguitos", hay que aprovechar esa capacidad de juego para entrar en otras cuestiones terapéuticamente. Esto también es de mucha utilidad para el docente, que puede comenzar desde ese deseo. Pero básicamente, en lo terapéutico, en tanto yo no lo trato de "tarado o de vago que no le da la cabeza", lo puedo colocar en otro lugar desde donde él va a poder negociar con esas cosas que no le gustan tanto. Hay que buscar los recursos con los que cuenta ese chico para aprender en ese mismo medio, aunque esto puede traer problemas, ya que, si se trabaja de esta forma, la familia "devuelve" el alumno a la institución con otros valores, otros parámetros que pueden ser tomados como "revolucionarios" porque ya no se esfuerza por adecuarse a la norma como antes. Entonces, es como si estuviéramos creando un nuevo problema, ya que la institución no sabrá qué hacer con este "nuevo" alumno que ha podido, desde el respeto de sus deseos, desde su singularidad, comenzar a enfrentar sus problemas.

Este trabajo que hacemos desde lo terapéutico también forma parte de ese entramado en el cual participan la escuela y la familia. No podemos trabajar en forma aislada. En general, la psicopedagoga es el profesional que se encarga de estas relaciones institucionales. Y, dentro de ese proceso terapéutico, incluso cuando en el equipo decidimos que el punto de comienzo sea el abordaje psicológico, nada más lejos de nosotros que pensar que solamente tiene que hablar de imaginario; al contrario, si de pronto tiene un problema aparte y podemos ayudarlo, bienvenido sea.

Hay una cosa para tener en cuenta que, por lo que escucho, no sé si quedó muy clara. Cuando realizamos el abordaje familiar, no estamos transformando al "niño malo" en "angelito", porque eso sería el mismo absolutismo. Se trata de trabajar con la familia que, a veces, siente rechazo por el chico, que genera rechazo, y hay que ponerse en la piel de estos padres que, por supuesto, son parte de esta trama.

Comentario del público: Una dificultad que generalmente encuentro en mi trabajo con estos chicos es la falta de aceptación por parte de sus compañeros, por lo que, a veces, hay que encontrar alguna actividad que el chico con ADHD pueda realizar y en la que se destaque, como en el caso de la práctica de algún deporte, ya que a través de esa actividad puede generar una mayor aceptación del grupo. Sería muy bueno que el docente buscara ese tipo de habilidades en un niño con ADHD, y las fomentara.

Pregunta del público: Quería saber si en su institución tienen experiencia en trabajo grupal con pacientes con ADHD.

Lic. Silvia Boschin: No. Trabajamos a veces en forma grupal con los padres, pero no con niños con ADHD. Es muy difícil, y no están muy claros los beneficios de ese tipo de trabajo en estos niños. Lo que sucede es que, a medida que se empieza a descomprimir la situación familiar, en la medida en que el chico empieza a poder funcionar mejor en las áreas escolares e incluso dentro de su familia, estas cuestiones del grupo y del compañerismo empiezan a mejorar y así, de repente, los amiguitos lo empiezan a invitar. Personalmente, no considero aconsejable el trabajo grupal con niños con ADHD, porque puede convertirse en iatrogénico.

Comentario del público: Yo quería contar mi experiencia. Estamos trabajando en un equipo de orientación vocacional a través de una actividad comunitaria en zonas de riesgo. No trabajamos específicamente con chicos con ADHD, pero es muy común que aparezcan algunos casos. Y, en nuestra práctica de trabajo grupal, hemos ido incorporando a estos chicos a los grupos, que al comienzo generaban rechazo por sus compañeros, ya que tocaban y desarmaban todos los juegos.

Lic. Silvia Boschin: Ahora, no nos olvidemos de que estamos hablando todo el tiempo de hiperactividad, y no de los casos con déficit de atención, que no son vistos como chicos problemáticos, pero que comportan situaciones de aislamiento mucho más complicadas de tratar. Sin embargo, a veces hay que tratar de desdramatizar el problema, de trabajar, sobre todo en el nivel de la familia, con el sentido del humor, el juego, que ya habíamos visto cuando hablaron de resiliencia.

LA TEORÍA DE LAS INTELIGENCIAS MÚLTIPLES APLICADA AL ADHD

José María Moyano Walker

En 1983, Howard Gardner, un profesor de Educación de la Universidad de Harvard, conmocionó al mundo de la enseñanza con la publicación de un libro titulado *Inteligencias múltiples*. En él daba a conocer una teoría revolucionaria que sostenía, a diferencia de lo que se creía hasta el momento, que el concepto clásico de inteligencia basado en pruebas de coeficiente intelectual resultaba demasiado estrecho, y proponía la existencia de siete tipos diferentes de inteligencia. Siete inteligencias que cubrían la extensa gama del potencial humano.

A la inteligencia lingüística y lógico-matemática, Gardner agregó las inteligencias espacial, kinésica o kinestática, musical, intrapersonal e interpersonal. Posteriormente, identificó la inteligencia naturalista.

Aun en nuestros días, las escuelas enfatizan la importancia de la inteligencia lógico-matemática y lingüística, y disminuyen la importancia de las otras cinco. Como veremos más adelante, este tipo de enfoque no contribuye al desarrollo de un adecuado desempeño escolar de los niños afectados por el síndrome de hiperactividad y déficit de atención.

Según la teoría de las inteligencias múltiples, las personas no nacen con toda la inteligencia que llegarían a desarrollarse, sino que pueden aprender a mejorarla y aumentarla. Cada persona es inteligente en, al menos, siete formas diferentes, y puede desarrollar cada una de ellas. En este contexto, podemos definir la inteligencia como la capacidad para resolver problemas o diseñar y elaborar productos de valor para una cultura en especial. Por ejemplo, el desarrollo de la inteligencia lógico-matemática posee un gran valor en la cultura occidental, pero es de escasa utilidad en una sociedad primitiva donde la persona inteligente es la que desarrolla habilidades que garantizan su supervivencia.

Inteligencia lingüístico-verbal

En esta área, sobresale el uso de las palabras y del idioma, ya sea oral o escrito. Los niños que se caracterizan por este tipo de inteligencia aprenden con más facilidad mediante los juegos de palabras, como los crucigramas o el juego del *scrabble*, las sopas de letras, las adivinanzas o los trabalenguas. Les gusta leer, hablar y escribir.

En general, los niños que desarrollan con más facilidad la inteligencia lingüística son los que obtienen mejores resultados en las calificaciones escolares. Además, dada su facilidad para concentrarse en ese tipo de tareas, suelen mostrar un buen comportamiento en clase. El principal problema consiste en intentar que todos los niños logren la misma facilidad de aprendizaje a través de la lingüística. El sentido común nos muestra que algo así, además de imposible, es incluso ridículo. Sin embargo, nuestro sistema educativo está empeñado desde hace más de un siglo en imponer este tipo de inteligencia en desmedro de las otras, sin importar qué tendencia demuestra cada niño.

Inteligencia lógico-matemática

Los niños que demuestran facilidad en este tipo de inteligencia sobresalen en el uso de los números, las secuencias, los patrones, las deducciones y las inducciones. Les gusta resolver problemas matemáticos y de lógica, descubrir misterios y experimentar con números.

Este tipo de inteligencia junto con la lingüística conforman la mayoría de los ítems de los tests de inteligencia mediante los cuales nuestro sistema educativo evalúa el potencial de los niños.

Inteligencia visual-espacial

Este tipo de inteligencia se relaciona con la plástica, las formas. Los niños que desarrollan la inteligencia visual-espacial sobresalen en el uso de las formas, los colores, las figuras y las relaciones entre los objetos. Les gusta pintar, dibujar, diseñar, construir, crear, formar, esculpir y experimentar con diferentes texturas.

La inteligencia visual-espacial tiene que ver con el arte, pero también con el sentido del cuerpo y del espacio: con saber ubicarse, ser un buen observador. En la escuela, los niños que desarrollan este tipo de inteligencia son capaces hasta de caminar por el aula con los ojos cerrados sin tropezar, o saben con exactitud qué ropa lleva la maestra cuando les pedimos que cierren los ojos y la describan, mientras que otros niños no saben si viste pantalón o vestido.

Si intentamos evaluar a estos niños mediante un test de inteligencia y obtener así su índice de coeficiente intelectual (CI), posiblemente muestren menores posibilidades que aquellos niños con inteligencia lingüística o lógico-matemática más desarrolladas.

Inteligencia corporal-kinestésica

Los niños que desarrollan con mayor facilidad este tipo de inteligencia son los que denominamos con mayor frecuencia hiperactivos. A veces, directamente son catalogados como afectados por el síndrome de hiperactividad y déficit de atención.

Utilizan su cuerpo y ademanes para expresarse. Sobresalen por su coordinación, flexibilidad y capacidad de movimiento. Les cuesta mucho pasar largas horas al día sentados sin moverse, por lo que generalmente se paran y vuelven a sentarse o juegan permanentemente con sus manos o sus pies. Si el docente está al tanto de este tipo de inteligencia, puede aprovechar esa capacidad de movimiento para que el niño adquiera los conocimientos necesarios. A estos niños les gusta utilizar sus sentidos: moverse, tocar, bailar, correr o hacer deportes.

Inteligencia rítmico-musical

Este tipo de inteligencia permite que los niños se relacionen, no sólo con la música, sino también con los diferentes sonidos, con el ambiente y con el ritmo. Poseen una gran sensibilidad para la música, los diferentes ritmos, los acentos, los tonos y los sonidos. Son niños a los que les apasiona cantar, tararear, declamar y tocar instrumentos.

Inteligencia naturalista

El último tipo de inteligencia que inicialmente describió Howard Gardner tiene que ver con lo natural, los animales, las plantas, y también con lo visual, desde el aspecto de la observación, la clasificación y el orden: la naturaleza como un todo y como un orden espacial. Estos niños aprenderán con mucha más facilidad, en la medida en que lo hagan en contacto con la naturaleza: en excursiones, campamentos de verano, etc.

La inteligencia intrapersonal

El desarrollo de este tipo de inteligencia es de sumo interés para el trabajo con niños o adolescentes afectados con síndrome de hiperactividad y déficit de atención, dada su importancia en el nivel de autoestima. Estos niños sobresalen en el autoconocimiento y en la capacidad de reflexión. En general, conocen bastante bien sus propios pensamientos y sus sentimientos, y suelen mantener una elevada autoestima acompañada de una adecuada autodisciplina. Les gusta trabajar solos o a su propio ritmo, son originales y perceptivos, y demuestran una personalidad fuerte y clara.

La inteligencia interpersonal

Este tipo de inteligencia tiene mucho que ver con la capacidad del niño de mostrarse empático con sus compañeros, de mantener amistades y buenas relaciones con sus pares. Son niños que realmente disfrutan del trabajo en equipo y, en general, obtienen mejores resultados y calificaciones cuando así lo hacen. Son cooperativos y colaboradores, y poseen una clara tendencia al liderazgo.

Muchos de los niños con ADHD muestran algunas de estas características, por lo que el trabajo en estas áreas sería de gran beneficio para ellos.

Una vez que conocemos un poco cómo trabajan estos distintos tipos de inteligencia, podemos hacernos una idea más amplia de cómo aplicar estos conocimientos en los niños que padecen el síndrome de hiperactividad y déficit de atención.

En nuestro país, existen algunas escuelas que aplican la teoría de las inteligencias múltiples, no sólo con niños con ADHD, sino en la población escolar general. Si bien es cierto que una institución que adopta esta teoría como sistema pedagógico está mejor preparada, ya sea en cuanto a la capacitación de sus docentes, así como a la infraestructura necesaria para enseñar a los niños afectados por ADHD, también es cierto que el costo de dicha educación es muy elevado, a veces prohibitivo, para muchas familias.

En una de las mesas redondas dedicadas a la educación en el marco de las II Jornadas Interdisciplinarias sobre ADHD organizadas por CEDAI, docentes de una de las instituciones dedicadas a la aplicación de la teoría de las inteligencias múltiples como método pedagógico nos señalaban que esta metodología puede ser desarrollada por cualquier institución, siempre que se aplique bajo ciertas pautas y mediante una correcta capacitación docente. De esta forma, no hacen falta escuelas especializadas ni costosas para poner en práctica estas ideas. Lo fundamental es que el docente que va a trabajar con estas técnicas esté convencido de que los niños son diferentes, singulares, y que tienen diversas formas de aprender y distintas inteligencias para desarrollar.

Todas estas inteligencias pueden ser desarrolladas en el mismo lugar, en la misma aula. La observación de ciertas reglas por parte del docente es fundamental. El equipamiento necesario no va más allá de un área de dibujo con sus elementos, una computadora, un equipo de música y una biblioteca básica. Así, los alumnos cuentan con diferentes centros de actividad que pueden coincidir o no con su inteligencia más desarrollada. A modo de ejemplo, en el área de arte dramático se desarrollarán la inteligencia intrapersonal, la interpersonal, la kinestésica, la musical, la gestual y la lingüística. De esta forma, el alumno con ADHD podrá mantener mejor su atención, que se focalizará hacia las áreas de mayor interés, y observará una mejor adaptación a las normas de conducta. La forma en que cada niño realice estas actividades estará marcada por sus preferencias, de modo que podrá acordar con su maestra cada una de ellas.

El sistema de evaluación utilizado en algunas de estas instituciones suele diferenciarse bastante del que manejan la mayoría de las escuelas tradicionales. Sin embargo, se trate de la escuela común o de la especializada en inteligencias múltiples, es importante que el alumno pueda, a través de sus calificaciones, demostrar todo lo que logró en forma conjunta. Un sistema ágil y evolutivo que documente sus progresos muestra no sólo un producto, sino también un proceso, un desarrollo. Como bien decía una docente, los que triunfan no lo hacen porque sepan más, sino porque saben cómo desenvolverse y porque poseen una inteligencia intrapersonal e interpersonal bien desarrolladas.

Greta Benavides, una licenciada en Ciencias de la Educación de Monterrey, México, propone que los docentes revisen cuáles son las inteligencias propias más desarrolladas, para poder brindar la mejor educación a sus alumnos. Para ello, presentó un cuestionario para docentes en el que se evalúan las diferentes inteligencias para poder identificarlas y desarrollarlas en los alumnos.

Un docente cuya inteligencia predominante es:

Verbal-lingüística	Impone un plan de estudios basado en el lenguaje escrito y oral. Su aula tiene pósters con poemas y cuestiones gramaticales. Debe apoyar a los lógico-matemáticos y a los corporales-kinéticos.
Lógico-matemática	Su énfasis es lo lógico, lo abstracto y lo racional. El aula muestra gráficos, porcentajes y ecuaciones. Debe apoyar lo verbal-lingüístico y lo visual-espacial.
Visual-espacial	Usa más detalles visuales que instrucciones verbales. El aula es colorida y tiene muchas formas y figuras. Debe apoyar lo lógico-matemático.
Corporal-kinestésica	El aula está llena cosas para armar y tocar. Le gusta experimentar. Debe apoyar lo lógico-matemático y visual-espacial.
Rítmico-musical	Aula llena de instrumentos. Música de fondo para trabajar.

Interpersonal	Usa aprendizaje cooperativo en su clase. Sus alumnos tendrán la libertad para interactuar, pero se animarán sólo los extravertidos. Debe cuidar el respeto y la tolerancia hacia los más introvertidos.
Intrapersonal	Es raro encontrar docentes a los que les atraiga trabajar solos y aislados. Sin embargo, los que tienen estas características pueden ayudar a los más introvertidos.

Benavides sugiere que, cada vez que el docente realice una actividad, debe analizar las inteligencias que está utilizando. Probablemente use más de una, aunque alguna de ellas siempre predomine sobre las demás. Dependiendo del nivel, usualmente el 75 % de las actividades escolares serán lógico-matemáticas y lingüísticas. En los niños afectados por el síndrome de hiperactividad y déficit de atención, las experiencias escolares tienden a ser poco exitosas. Conocer al niño y proporcionarle actividades en las que el docente sabe que va a tener éxito es excelente para su autoestima.

ADHD Y REALIDAD SOCIAL

Susana Conde

En las primeras jornadas organizadas por CEDAI sobre el síndrome de hiperactividad y déficit de atención, en el año 2001, veíamos que uno de los hitos desde el punto de vista social nos mostraba que, de acuerdo con la franja social, había una mayor o menor presentación de casos de ADHD; incluso muchos de los casos de deserción escolar en las franjas de bajo poder adquisitivo, generalmente atribuidas a la situación económica, encubrían trastornos de aprendizaje o ADHD nunca diagnosticados. También veíamos que esa presentación de casos de ADHD estaba muy influenciada por la accesibilidad a la atención de la salud, y no sólo a la accesibilidad a los servicios, sino también la accesibilidad de tipo cultural, que son los sistemas de alarma. Se manejan otras prioridades.

La propuesta es revisar juntos lo colectivo, no sólo lo individual, aquello que tiene que ver con los grupos, como puede ser la familia, el grupo de pares, los amigos, las instituciones y la sociedad. Tanto desde el punto de vista de las poblaciones como desde el punto de vista del Estado y sus instituciones. Entonces, trasladarnos a lo colectivo, relacionando este padecimiento, o estas características especiales que conforman un síndrome, con el marco más amplio, donde tenemos una extensión singular, una extensión grupal, otra institucional, una general, como podrían ser todas las escuelas de la capital, y el ámbito global, que sería el país o el continente.

En este marco, no podemos hablar de salud o enfermedad, pues ahí se nos destruye esta antinomia. Y eso constituye un primer hito: la clásica definición de la OMS nos queda chica, le falta la noción del contexto, de qué está pasando hoy. Hechos sociales como los piquetes, los chicos con dificultades en la escuela, los docentes que no se encuentran en condiciones de dar respuestas suficientes, no tienen voz. Ahora, ¿quién les "presta la voz" a los hechos sociales? Los actores sociales que los leen, los interpretan y los explicitan. Y, cuando interpretamos una realidad o un hecho social, los cargamos ideológicamente con nuestra mirada. Segundo hito: hay que construir y conquistar la interpretación de los hechos sociales siguiendo los caminos, que ustedes conocen muy bien, de investigación entre la teoría y la práctica. Esto es importantísimo frente a la motivación que cada uno de nosotros tiene para estar aquí. Todos tenemos un abanico de opiniones respecto del hecho temático que nos preocupa, y cada uno va a tener que tomar una posición considerando estas diferentes opiniones. Es la manera de interpretar un mismo hecho social. Entonces, la decisión va a ser elegir, no una postura determinada, sino la propia, pero compartida con otras.

Entonces, decimos que hay procesos sociales. ¿Por qué? Primero, porque dijimos que no hay salud completa ni enfermedad completa, sino que existe un proceso pero, además, hay una raíz histórica. A lo largo del desarrollo de la historia, se consideraron de muy diversas maneras la salud y la enfermedad, y fueron distintas las manifestaciones patológicas, de acuerdo con la concepción elegida y el alcance de la ciencia. O sea que, por un lado, hay una historicidad desde el punto de vista de los hombres y, por el otro, hay una historicidad desde el punto de vista del desarrollo científico y tecnológico.

Pero, además, está la tercera corriente que se inicia en esta lectura histórica y social que debemos hacer ante cualquier problema que afecte a los seres humanos, y es el hecho de que las culturas y las condiciones de vida determinan un perfil patológico específico. En realidad, no es un perfil patológico, sino poblacional, en el cual nacer, reproducirse, vivir, enfermarse y morir tienen características específicas propias de ese lugar. Entonces, al expresar una opinión o elaborar un diagnóstico, lo primero que tenemos que hacer es conocer cuáles son las condiciones de vida que se dan en ese grupo.

Entonces, planteamos un proceso social de salud-enfermedad que se opone a la dicotomía de estar sano o estar enfermo.

Para diagnosticar el proceso salud-enfermedad, sea cual fuere la población con la que estemos trabajando, desde un pequeño grupo hasta el área de influencia de población de un hospital, yo voy a tener que construir la ecuación espacio-salud. Si considero que el problema que a mí me convoca está inserto en un proceso social de salud-enfermedad, voy a tener que construir lo que yo denomino espacio-salud. En el numerador voy a tener todas las características de las condiciones de vida de ese grupo, y en el denominador, los trastornos o los problemas de salud, los factores de riesgo para producir éste u otro problema de salud, los cuales pueden ser acumulativos, y que hay que tener en cuenta, ya que los de riesgo acumulativos se potencian. En el denominador, también encontramos el sistema de salud, o sea el recurso de salud que tengo para asistir a esa población. Se trata de la accesibilidad que tengo a ese sistema de salud, y algo muy importante: los potenciales de salud.

Se entiende por potenciales de salud todo lo que hace a las condiciones de vida para realizar un diagnóstico y construirlo como un proceso de salud: dónde viven los pacientes, cómo viven, qué medios de accesibilidad tienen a los centros de salud, qué trabajo, qué nivel educativo, en qué punto de la cultura se encuentran, si tienen acceso a ella, y todo lo que hace a un perfil completo de las condiciones de vida, fundamentalmente en el hogar, el trabajo o el lugar de consumo. Porque, de acuerdo con el lugar que se tiene en el trabajo y al que se puede llegar en el de consumo, hasta las expectativas son distintas.

¿A qué llamamos potencial de salud? Denominamos así a aquellos factores constructivos, protectores, dinamizadores que existen en el grupo de convivencia: la solidaridad, las redes. Si hay un potencial de salud, considerando los grupos sociales, son las redes. Éstas comienzan siendo unidades recíprocas y terminan siendo redes sociales. Y son únicas porque son humanas, no un producto de una maestría o una cuestión técnica. Son fundamentalmente humanas y tienen que conservar esta característica.

Entonces, dijimos que el proceso social salud-enfermedad tiene una fuerte vertiente histórica. Pero veamos qué es lo que está pasando en este momento con el proceso social salud-enfermedad. Al realizar un bosquejo de la situación, vemos que en 1986 se produjo una reforma del Estado y se pasó del Estado de bienestar a un Estado donde se resintió todo el mercado interno en la Argentina: el país comenzó lentamente a des-industrializarse, y el Estado fue perdiendo esa característica benefactora denominada Estado de bienestar, donde las políticas sociales, dentro de las cuales encuadramos la salud y la educación, pasaron a ser los grandes ausentes. El sistema de salud se asemeja a un cono, donde el primer nivel lo constituyen la atención primaria de la salud, la salud integral e integrada, la baja tecnología y la garantía de resultados con universalidad y equidad. Esto se usa permanentemente con un doble discurso, para fines político-partidarios. Porque, generalmente, se adquiere tecnología sin objetivos precisos, lo que resulta lucrativo para muchos, pero no tiene real significación en atención primaria de la salud. El segundo nivel lo conforman la baja y la mediana complejidad, representadas por los hospitales. El tercer nivel está formado por los recursos de alta complejidad. Las políticas sociales que definen cuáles son las prioridades y las necesidades se encuentran en este nivel superior. Y cualquier trabajo que se realice en el área de la salud tiene por destinataria a la población.

¿Cuales son las características de este tiempo? Comenzó la globalización, el pensamiento único de la posmodernidad, un movimiento que nos fue impuesto y que dispuso el fin de las ideologías con la ilusión de pertenecer al primer mundo. En el modelo económico neoliberal implantado desde los años noventa en muchos países del mundo, y en el nuestro salvajemente, los factores económicos y el mercado son los que regulan las políticas y los patrones de conducta sociales, y las relaciones entre el Estado y la sociedad. Medidas como el ajuste o la mal entendida "descentralización de las provincias" solamente logran que éstas queden económicamente desprotegidas. El otro componente de esta concepción globalizada es la desaparición del rol del Estado, que implica casi una desaparición de lo colectivo: lo público deja de aparecer, no es accesible. Y a este espacio público en retirada lo reemplaza el sector privado. Frente a estas características, la población ha ido cambiando en cuanto a la concepción de la credibilidad y la representación social del Estado y los partidos políticos, y de todos los aspectos políticos y económicos. En este aspecto, se vuelve fundamental el papel de los medios de comunicación que, generalmente, desinforman y ejercen un control social a través del doble discurso. A su vez, se apropian de nuestro poder de reclamar, ya que si aquel a quien vamos a reclamar habla en nuestro mismo idioma, pero desde una concepción cultural diferente, ¿cómo podemos sostener nuestra lucha? El enemigo se neutraliza a través del doble discurso: dice lo mismo que nosotros, pero hace lo contrario.

Entonces, aquí nace otro punto interesante de reflexión: *la crisis exige nuevos planteos*. Exige trabajar en grupos, en equipos, en redes y pide que no nos inmovilicemos. Que recurramos a nuestra creatividad.

EL LECHO DE PROCUSTO: ¿LA MEDICALIZACIÓN DE UN PROBLEMA SOCIAL?

José María Moyano Walker

Cuenta la leyenda que Procusto, un bandido que solía merodear por los caminos de Atenas, tenía una extraña afición. Una vez que elegía a su víctima, la seducía y la invitaba a pasar la noche en su morada. La habitación que Procusto destinaba a sus huéspedes tenía una cama que, como todas las camas, era de un solo tamaño. El problema era que Procusto se empeñaba en que todos sus invitados y futuras víctimas se encontraran a gusto en su cama. Por lo tanto, cuando el huésped era demasiado bajo, lo colocaba en un potro y estiraba sus piernas hasta que el pobre hombre alcanzaba la estatura de la cama. En cambio, cuando eran más grandes que la cama, simplemente les cortaba las piernas.

¿Qué nos quiere reflejar esta pequeña y truculenta historia? Muchas veces me da la sensación de que actuamos como Procusto cuando intentamos afanosamente diagnosticar el síndrome de hiperactividad y déficit de atención. A pesar de que el niño pueda ser totalmente sano y presentar algunas particularidades singulares, tratamos de que acumule la mayor cantidad de criterios del DSM-IV, algunos de ellos bastante arbitrarios. Recordemos que el DSM-IV, ahora en su versión revisada (DSM-IV R), es una suerte de nomenclador de enfermedades psiquiátricas elaborado por el Instituto Norteamericano de Salud Mental con la finalidad de que los distintos seguros de salud de los Estados Unidos se hagan cargo de los costos de la atención y el tratamiento de dichas enfermedades.

Es decir, tratamos de medicalizar algo que no le compete en forma exclusiva a la ciencia médica: tratamos de adaptar al niño a la medicina, y no de aplicar los recursos médicos en beneficio del niño. En otras palabras, somos modernos Procustos.

La medicalización de ciertas características, como la hiperactividad, la creatividad, la impulsividad o un patrón de atención o aprendizaje diferentes, no es otra cosa que un mero biorreduccionismo como respuesta simplista a un fenómeno de por sí bastante complejo. Thomas Armstrong, un psicólogo norteamericano, expresa que le asusta pensar que la ciencia médica pueda convertir la creatividad en un problema médico de bases genéticas. Creo que tiene toda la razón. Por mi parte, me resisto a considerarme un simple conjunto de circuitos eléctricos y fluidos neurotransmisores, o que se me considere poco menos que un ratón de laboratorio. El ser humano es bastante más que eso. La imaginación, la creatividad, las diferencias sociales, culturales y geográficas hacen muy difícil pensar un cuadro clínico que encasille tanta diversidad, tanta singularidad.

En este punto, cabe preguntarse qué interés tiene la ciencia médica en sumar a las extensas filas de la patología este conjunto de características especiales, con forma de síndrome o, dicho de otra forma, de un conjunto de signos y síntomas. ¿No tienen ya bastante los atribulados médicos con la cantidad de enfermedades que deben tener presentes al realizar un diagnóstico, como para agregar una más, generando todo tipo de controversias? Es aquí donde entran en escena los famosos intereses. Son intereses de todo tipo: económicos, políticos; en definitiva, de poder. Analicemos el caso de los criterios diagnósticos del DSM-IV para arrojar un poco de luz sobre el tema.

A comienzos de la década del sesenta, en los Estados Unidos comenzó a comercializarse una droga conocida como Ritalina. Este medicamento no es otro que el metilfenidato, un derivado de las anfetaminas, agonista de la dopamina, cuyas acciones terapéuticas principales son el control de los impulsos y el aumento de la capacidad de concentración.

La Ritalina comenzó a utilizarse en los casos de ADHD, con resultados eficaces en cuanto al control de algunos de sus síntomas. Los niños, durante las tres horas que duraba el efecto de la medicación, atendían más y se portaban mejor. El público norteamericano comenzó a demandar a sus pediatras y neurólogos esta droga maravillosa que aplacaba a sus hijos hiperactivos.

El problema es que la Ritalina, al ser una anfetamina, posee efectos colaterales muy peligrosos para los niños y los adolescentes. Cefaleas, irritabilidad, tendencia al llanto, marcada disminución del apetito e incluso detención del crecimiento son algunos de estos efectos indeseables. No olvidemos que uno de los efectos buscados de las anfetaminas es el efecto anorexígeno, es decir, la supresión de la sensación de apetito, por lo que fue una droga muy consumida en las dietas para adelgazar, especialmente entre los años 1960 y 1970. También era la droga que utilizaban los estudiantes para pasar extenuantes jornadas frente a los libros, ya que se trata de un estimulante cerebral.

A diferencia de otros tipos de prestaciones sociales, el sistema de salud norteamericano no es muy equitativo, aunque sí eficaz. La asistencia médica no es gratuita y, además, es muy cara. Está administrada por los sistemas de seguros de salud, que costean los honorarios profesionales y los medicamentos, entre otros gastos. En el caso de las enfermedades mentales, para que los gastos derivados de su atención médica y su tratamiento sean cubiertos por el seguro de salud, deben figurar en una suerte de nomenclador de enfermedades mentales conocido como "criterios diagnósticos del DSM-IV".

En un momento dado, eran tantas las consultas médicas acerca del síndrome de hiperactividad y déficit de atención, que la demanda de los medicamentos estimulantes creció en forma alarmante. Sin embargo, el ADHD no formaba parte de las patologías mentales incluidas en el DSM, por entonces en su tercera versión; por lo tanto, los costos de la consulta médica y del tratamiento farmacológico debían ser solventados por los propios pacientes. Posiblemente, cediendo a presiones de todo tipo, el DSM debió anexar el síndrome de hiperactividad y déficit de atención a su lista de enfermedades en los criterios diagnósticos del DSM-III. Éste parece ser el nacimiento de la hiperactividad como enfermedad mental en los Estados Unidos.

Otro foco de interés en la medicalización del ADHD lo constituye el propio sistema educativo. Nuevamente, debemos hacer referencia al país del norte, dado que es allí donde se gestaron muchos de los acontecimientos que relato. A diferencia de lo que sucede en el campo de la salud, la educación básica en los Estados Unidos es pública y gratuita. Sin embargo, para que una escuela reciba los fondos necesarios del Gobierno, debe mantener un estándar de rendimiento académico entre sus alumnos. Si en un aula de treinta niños hay dos o tres que no atienden, que con su distracción o mal comportamiento retrasan al resto, seguramente disminuirán los resultados académicos. En forma imperiosa, las autoridades escolares deben segregar, clasificar, etiquetar o medicalizar a ese niño que compromete el rendimiento de la clase, haciendo peligrar el preciado subsidio escolar.

A no engañarse: la escuela o la salud pública no tienen toda la responsabilidad en la medicalización del síndrome de hiperactividad y déficit de atención. La sociedad entera es responsable; de una forma u otra, todos lo somos. La familia, aunque suene contradictorio, es el principal foco de presión social en la medicalización. Aunque con diferentes motivaciones, surgidas de sus propias raíces culturales, la familia europea o norteamericana, así como la familia latinoamericana, se comportan de manera similar ante el ADHD.

La causa por la cual las familias de los Estados Unidos o Europa impulsan la tendencia a la medicalización parecería encontrarse en la practicidad o la simplicidad que imperan en la vida cotidiana de esas comunidades. En ese contexto, todo aquello que suceda fuera de los carriles de lo esperado o lo normatizado será considerado patológico. Por otro lado, la competitividad es atroz, aun desde los primeros años de escuela. El niño promedio no puede darse el lujo de ser diferente, de funcionar a un ritmo distinto. El cine y la televisión nos muestran algunos ejemplos. En uno de los episodios de la tira satírica *Los Simpsons*, se trataba la posibilidad de medicar con Ritalina al protagonista. El personaje interpretado por Tom Hanks en el filme *Forrest Gump* constituye el ejemplo más acabado de una persona con necesidades especiales que es discriminada por el resto de la sociedad, a tal punto que él mismo lo admite cuando expresa: "Soy especial."

En una sociedad donde todo se resuelve por medio de planillas, cuestionarios e instrucciones, nada más indicado que un cuestionario grillado como las escalas de Conners o los criterios diagnósticos del DSM-IV para ingresar al niño con necesidades especiales en los dominios de la ciencia médica.

En el caso de las familias latinas, sus motivaciones para ejercer presión en la medicalización son muy diferentes, aunque no menos poderosas. Incluso estas motivaciones son distintas según la extracción social. Suena bastante lógico, ya que los motivos de una familia de clase media no son los mismos de los de una familia rural de bajos recursos. Es posible que, en los sectores sociales más acomodados, sea intensamente reprimido el hecho de que un integrante de la familia presente ciertos problemas en la esfera emocional que dejen al descubierto falencias del sistema. En cambio, si esas dificultades escolares o ese temperamento impulsivo obedecieran a ciertas deficiencias de algunos neurotransmisores fácilmente controlables mediante la utilización de anfetaminas, todo se vería muy diferente. El pobre niño sufriría un trastorno neurológico —pasa en las mejores familias—, pero ¡en casa no hay problemas psicológicos!

Los aspectos económicos no pueden desestimarse cuando hablamos de las causas de la medicalización del síndrome de hiperactividad y déficit de atención. Como bien lo señala Thomas Armstrong en su libro *The Mith of the ADD Child*, existe un aspecto netamente económico en la medicalización. Según el autor, mucha gente obtiene ganancias con la existencia del ADHD como enfermedad. Las compañías farmacéuticas ganan cientos de millones de dólares anualmente, a través de la comercialización de sus drogas prescriptas para el más de un millón de niños que se estima que son medicados solamente en los Estados Unidos. Si se tienen en cuenta los costos de la atención médica del síndrome de hiperactividad y déficit de atención, que en los Estados Unidos ronda los 1.200 dólares por cada diagnóstico individual, sin olvidarnos de los 1.270 que cobra el sistema educativo por evaluar si un niño merece educación especial, podemos comprobar que en algunos aspectos el ADHD es un negocio millonario.

En la República Argentina, no es muy fácil determinar los costos de la medicalización. Principalmente, porque no contamos con datos estadísticos oficiales acerca de la cantidad de niños diagnosticados o medicados. En los hospitales públicos, es escasa la cantidad de niños tratados, dado que el ADHD no es una patología de consulta habitual en el sector de la salud pública. No se han realizado aún censos con validez estadística en centros de atención o empresas de medicina prepaga.

El gran excluido (¡por suerte!)

"No hay mal que por bien no venga", decía mi abuela. En la franja social de bajos recursos, los niños que presentan condiciones y necesidades especiales no corren mayores riesgos de ser medicalizados, simplemente por no ser consumidores potenciales de medicamentos. Sin embargo, el hecho de estar excluidos del sistema de salud les quita posibilidades de ser adecuadamente tratados y, frente a las dificultades de aprendizaje o conducta, repiten el curso o abandonan los estudios.

No es suficiente con no medicar el ADHD. De nada sirve evitarlo si no ofrecemos una alternativa seria y responsable a las dificultades que presentan estos niños en la escuela y en la vida diaria. No se puede caer en la ingenuidad de creer que todo niño hiperactivo, desatento o impulsivo es un niño superdotado que simplemente se aburre en clase porque ya lo sabe todo, ni creer que tiene algunas dotes sobrenaturales, como el llamativo caso de los "niños índigo", acerca de los cuales haremos algunos comentarios más adelante. La interdisciplina, como hemos comentado en otra sección de este libro, constituye esa alternativa seria, responsable, integradora y económica al servicio del niño con necesidades especiales.

EL CONCEPTO DE SINGULARIDAD APLICADO AL ADHD

José María Moyano Walker

El síndrome de hiperactividad y déficit de atención puede ser analizado desde distintas ópticas. Diversas implicaciones sociales, culturales o familiares hacen que cualquier intento por limitar sus manifestaciones al área científica sea un mero reduccionismo. El ser humano es un poco más que un puñado de neuronas. ¿Qué nos diferencia de los animales de laboratorio si, cuando un niño responde en forma diferente de los demás, de la norma, asumimos que se debe a una alteración cerebral y lo medicamos, *rehabilitándolo* para que pueda volver a ser como los demás niños? ¿Qué pasa con las emociones? ¿Y los deseos?

La historia nos demuestra que los grandes descubrimientos, las geniales obras de arte de la humanidad no surgieron de mentes arratonadas, normatizadas, idénticas entre sí. Surgieron a partir de la diferencia. Pero cabría preguntarse: ¿diferente de qué?, ¿distinto de quién?, ¿cuál es el referente de lo sano y lo enfermo, lo normal y lo anormal? Una respuesta posible es la singularidad. Diferenciar, sí, pero en positivo, no con el fin de discriminar o apartar a aquél diferente. Todo lo contrario: el fin es que, a través de la diferencia, se pueda crecer.

Cierta vez, mientras dictaba una conferencia, una señora comentó que su hijo varón de ocho años, diagnosticado como ADHD, casi no tenía amigos debido a sus gustos diferentes. No le gustaba el fútbol, lo que era casi un delito a esa edad, que lo aislaba aún más. En una ocasión, relataba la mamá, el niño debía adquirir un cuaderno para la escuela. En la librería había un gran surtido de cuadernos con motivos para niños: con los jugadores famosos de fútbol, del último campeonato mundial, etc. Ante la desesperación de su madre, el niño no eligió ninguno de ellos, sino uno que estaba forrado todo en color fucsia brillante, más acorde con los gustos de una niña de su edad. Con gran tino, la madre le explicó que para ella estaba muy bien, pero que algunos compañeritos de la escuela podían llegar a burlarse. Sin embargo, el niño lo compró y lo llevó a la escuela. Su madre no se enteró si tuvo algún inconveniente con los otros niños. Respetó su singularidad.

No está demasiado claro el concepto de diferencia. Como decíamos en otras líneas: ¿Diferente de qué? ¿De quién? ¿Qué significa salud o enfermedad? En los albores del siglo XXI, la antigua definición de salud de la Organización Mundial de la Salud ya nos queda chica. Conceptos que antes eran considerados una enfermedad, como la homosexualidad, hoy son entendidos como una suerte de elección personal, una singularidad. ¿Por qué no considerar, entonces, a los niños con necesidades especiales como singulares?

Para ser totalmente honestos, solemos utilizar conceptos de igualdad, diferencia o singularidad según mejor nos convenga. Sin ir más lejos, no debe existir sociedad que respete más la diferencia que la norteamericana. Basta con caminar por la Quinta Avenida a la hora de la salida de las oficinas para darse una pequeña idea: personas de las más diversas razas y aspectos, con estrafalarios atuendos, caminan al lado una de otra sin pestañear. Uno podría pensar que están realmente integrados. Sin embargo, el asunto se modifica drásticamente en otros aspectos. Por estos días, y especialmente después del atentado a las Torres Gemelas de septiembre de 2001, ser diferente o incluso parecerlo puede costar muy caro. Se podría argumentar que aquel fatídico 11 de septiembre cambió muchas de las abiertas costumbres de nuestros amigos del norte, y puede ser cierto. Pero, sin ir más lejos, y retomando el tema que nos interesa, observamos que la plural sociedad norteamericana se vuelve salvajemente totalitaria cuando de educación se trata. La más ínfima diferencia puede ser fatal. En ese contexto, todos los niños son iguales, tienen los mismos derechos y la misma responsabilidad: responder igual que todos a las exigencias de la maestra, que no son otras que las del sistema educativo. Todo niño que se aparte, aunque sea ínfimamente, de la norma será tratado como si portara una enfermedad contagiosa, y será aislado y medicado. Recién cuando pueda demostrar que ha retornado a la "normalidad", será recibido en los brazos de la educación oficial. Lamentablemente, esto no sólo sucede en los Estados Unidos. En nuestro país también pasa algo similar, pero el grado de desorganización del sistema educativo local es tan alto que es mucho más difícil salir de la norma; sin embargo, cabe preguntarse: ¿Qué norma? ¿La de las escuelas públicas o la de los institutos privados? ¿La que rige en Buenos Aires o la de Santiago del Estero o Santa Cruz, por nombrar algunas provincias al azar? El problema, como se ve, tiene más de una arista.

¿Enfermos o diferentes? ¡Vaya pregunta! Analicemos en detalle los elementos en los que se basa la sociedad para determinar en qué momento este niño singular se convierte en enfermo.

Cuando hablábamos de las diferentes formas de diagnosticar el síndrome de hiperactividad y déficit de atención, decíamos que la mejor manera es abordar el tema desde diversas áreas, como la salud, la educación o la sociedad. Pues bien, si hablamos de salud o enfermedad, qué mejor que la ciencia médica para discernir este dilema. El principal instrumento utilizado para el diagnóstico del ADHD por los médicos y los psicólogos son los criterios diagnósticos del DSM *(Diagnostic and Statistic Manual)* de la Asociación Psiquiátrica Norteamericana, actualmente en su cuarta versión, el DSM-IV. Se trata de un cuestionario dividido en tres áreas: hiperactividad, impulsividad y déficit atencional. Cada una de las preguntas recibe una puntuación según que el ítem estudiado se dé muy frecuentemente, poco frecuentemente, a veces o nunca. Repasemos las preguntas sobre las cuales se obtienen las puntuaciones (que encontraremos en el capítulo 1).

¿Podemos decidir en forma responsable si un niño está sano o enfermo sobre la base de este tipo de preguntas? ¿Tenemos derecho a modificar su personalidad a través de drogas estimulantes del sistema nervioso, con el dudoso fin de que sea como el resto de los niños, que se porte bien o estudie más? Si analizamos detenidamente estos criterios diagnósticos, observaremos que la mayoría de los niños sanos presenta muchos de los "síntomas" del ADHD. Parece un poco exagerado certificar que alguien, más aún tratándose de un niño, está enfermo porque mueve demasiado sus manos o pies, o porque habla mucho.

Por otra parte, los padres, desde nuestra inseguridad, necesitamos que nuestros hijos respeten la norma, que pertenezcan a ese amplio grupo de los iguales. No soportamos que sean singulares. Casi temblamos con sólo pensarlo: "¿Singular? ¡Cómo singular! ¿No me habrá salido medio raro éste?" Sufrimos tremendamente cuando vemos que sus compañeros de escuela los molestan o les hacen burla por ser diferentes. Hasta es comprensible que, en su sistema de valores, los niños respondan con rechazo cuando uno de ellos se diferencia del resto. Pero nosotros, como adultos responsables que somos, no podemos darnos el lujo de reaccionar de la misma forma ante la diferencia y, sin embargo, lo hacemos. Llegamos a sentir alivio cuando el médico nos dice que nuestro hijo está enfermo, que tiene un problema neurológico que debe ser tratado con un medicamento. ¡Cualquier cosa con tal de que no sea diferente!

¿Cómo llegamos a convertirnos en esa clase de monstruos? ¿Cuándo perdimos el ritmo de esa forma? Lo que sucede es que un niño singular raramente nace, sino que se hace. Un niño singular proviene de una familia singular. Es el yo y su circunstancia, según Ortega y Gasset. Si el niño es singular, está mostrando la singularidad de su entorno, de su familia. Nuestra propia singularidad, tan celosamente custodiada, a salvo de miradas indiscretas. ¿No nos deslomamos acaso trabajando para tener una casa, un auto, e irnos de vacaciones como todo el mundo? ¿Incluso no hicimos denodados esfuerzos para que él fuera al mismo colegio que los otros, y ahora de un plumazo borra todo, por hacerse el *singular*? En cambio, ¡qué tranquilidad trae escuchar que el pobre tiene un problema con un neurotransmisor, aunque no sepamos bien de qué se trata! O que le llega menos sangre a algunas partes de su cerebro, que por eso hace lo que hace, no estudia o se porta mal. Y lo mejor: ¡qué buena debe ser esa píldora mágica que le borra esas ideas locas de singularidad! Y, si cada vez come menos o crece menos o llora todo el tiempo, será el precio que habrá que pagar para ser igual, como el resto.

En la escuela, una de las peores cosas que le pueden suceder a la maestra es aquel niño que aprende en forma diferente de los demás, a su ritmo. Porque retrasa el ritmo del resto, porque distrae a los otros niños, que se aburren y hacen lío. Gente diferente, dice Peter Drucker, aprende de modo diferente. El aprendizaje es tan personal como las huellas digitales: no hay dos personas que aprendan exactamente igual; cada una tiene su velocidad, su ritmo. Entonces, el pobre chico, para no pasar vergüenza, para no molestar, de a poco deja de preguntar, deja de aprender. Repite el año, su autoestima decae, y el pobre piensa que no sirve para nada, que es un burro. A la maestra se le ocurre algo brillante que leyó en algún libro: separarlo del resto mediante una mampara. Ahora, el niño no sólo se siente menos que el resto, sino que su maestra se lo confirma, segregándolo.

El extraño caso de los niños índigo (¿se acuerda de los "sea monkeys"?)

Últimamente circula, sobre todo por Internet, la idea de que los niños con necesidades especiales que presentan las características típicas del síndrome de hiperactividad y déficit de atención son, en realidad, una especie superior conformada por seres extraordinarios. Los llaman los "niños índigo". Veamos algunas de sus delirantes características:

"Los colores de la vida son como capas de color áurico espiritual que definen los rasgos similares de personalidad dentro de grupos de colores. El trabajo inspirado de Nancy identificó correctamente las características de los grupos y luego las aplicó en su vida diaria. De una manera similar a la ciencia de la astrología, que clasifica las características de personalidad en grupos de acuerdo con nuestras marcas magnéticas de nacimiento, también las capas de color llevan ciertos rasgos humanos similares que son muy notorios cuando sabemos buscarlos."

"El color índigo es sólo una característica de los niños nuevos que están viniendo al planeta ahora, pero es una constante, por lo que Kryon se está refiriendo a ellos como los niños índigo."

"Una de las sorprendentes características de la nueva era va a salir de las cunas de miles de hogares en todo el mundo: los nuevos niños de color 'índigo' han llegado en forma masiva y ya están entre nosotros."

"Estos niños tienen una capa del conocimiento de quiénes son, que es totalmente diferente de la que tuvimos nosotros de niños. A nivel celular, ellos 'saben' que son criaturas del universo, con una misión increíble (no una 'lección') en el planeta. Esta dualidad en su conciencia es, por lo tanto, diferente de la nuestra. El resultado es múltiple: primero, ellos están capacitados para cambiar de vibración, si así lo desean, de una manera mucho mas fácil que nosotros. Si les llega el momento, o cuando les llegue el momento, para descubrirse a sí mismos, durante su vida ellos tendrán muchos menos problemas con asuntos de autoestima, temores o residuos de vidas pasadas."

En algunos textos hallados en la red, directamente se vincula a estos inefables "niños índigo" con aquellos que padecen el síndrome de hiperactividad y déficit de atención:

"Hablando de atención, hay una anomalía que parecería haber aparecido en los últimos años y que casi siempre se relaciona con índigos. ¿Qué te sucedería si vinieras a un mundo sabiendo quién eras, con un sentimiento de pertenecer a una familia, y luego, nadie te reconociera, y encima te trataran como si fueras un inútil en vez de una criatura de la realeza? Además, ¿que pasaría si tú fueras un niño atravesando esta experiencia y no pudieras hacer nada al respecto? Tu intelecto no podría explicarse qué es lo que está equivocado. La respuesta, lamento decirlo, es el trastorno de deficiencia de atención *(Attention Deficit Disorder)* o el trastorno hiperactivo de deficiencia de atención *(Attention Deficit Hyperactive Disorder:* ADD y ASHD). Estos chicos o se 'ausentarán' de la realidad metiéndose en su propio mundo fuera-de-su-cuerpo para poder existir, o bien harán exactamente lo contrario, es decir, rebotarán contra las paredes para evadirse de la realidad de sus vidas, y así tratarán de atraer ayuda."

En el mismo pasaje, también se nos aconseja sobre cómo tratarlos:

"Los papás descubrirán muy pronto que sus niños responden a ser homenajeados y que, sin duda, pueden llevar una relación totalmente diferente de la que tuvimos nosotros de niños con nuestros padres. Los niños serán mucho más listos, y nos impresionarán con la autodisciplina que desarrollen (autorresponsabilidad). Reconocerán los problemas sociales mas rápido y se interesarán por cosas 'para grandes' a una edad más temprana. Y, sí, ellos serán nuestros amigos muy pronto. Adiós a la brecha generacional. Es un paradigma de viejas energías."

Creo que este tema no merece más análisis. En realidad, no hace falta convertirse en un ser superior para ser singular. Todos, en una medida u otra, somos singulares. Somos creativos. Donald Winnicott decía que lo que destaca al ser humano, que completa el desarrollo de su personalidad, es la posibilidad de ser creativo. Casi no es posible vivir sin cierta cuota de creatividad, e incluso hay gente muy creativa que descuella en alguna actividad. Muchas personalidades del arte o de las ciencias fueron, de niños, considerados "especiales", y presentaban muchas características de lo que hoy conocemos como el síndrome de hiperactividad y déficit de atención.

Pero no nos confundamos: nadie dice que para ser singular hay que convertirse en genio de la noche a la mañana. Ser singular implica, nada más y nada menos, tener una forma especial de vivir, de aprender y de relacionarse con los demás. Tal vez, poseer una sensibilidad diferente. Lo que no debemos hacer, como padres o educadores, es creer que esta singularidad, esta diferencia, constituye una amenaza al estado de salud psíquico del niño, plausible de ser tratado con anfetaminas.

Tom Hartmann, en su libro *ADD: A Different Perception*, introdujo la metáfora del cazador y el granjero para graficar la dualidad entre enfermedad o diferencia en torno al síndrome de hiperactividad y déficit de atención. Esta metáfora se apoya en la noción de que el ADHD no sólo representa una serie de debilidades que serán reforzadas, sino también fortalezas de las que el niño puede aprender. En civilizaciones antiguas (las sociedades de cazadores), aquéllos con personalidad fuerte tenían más probabilidades de sobrevivir, mientras que en la civilización actual la sociedad agropecuaria y posagropecuaria-industrial de "granjeros" premia a las personalidades más apacibles y débiles. Un "cazador", en nuestros días de "granjeros", será catalogado como enfermo. Ésta parece ser la perspectiva de las ciencias, la perspectiva de la enfermedad.

En cambio, la perspectiva de la diferencia, más acorde con la idea del "cazador", asume que ciertos niños necesitarán utilizar alternativas diferentes para lograr los mismos objetivos.

RESILIENCIA Y ADHD

Mabel Munist, Néstor Suárez Ojeda

Vamos a tratar de definir qué entendemos por resiliencia. Es la capacidad humana que tienen las personas de sobreponerse a la adversidad y construir sobre ella. Hace seis años que se creó el Centro de Investigación e Información sobre Resiliencia, que funciona en la Universidad de Lanús. Allí ofrecemos bastantes charlas y talleres, y al principio, ni siquiera los que venían a hablar sabían lo que era la resiliencia. Era la oportunidad de encontrarse frente a un orador con algo nuevo. Pero hemos visto muchas experiencias de encontrarse frente a un término que implica un nuevo concepto. A veces, se le pone nombre a algo que ya se conocía, incluso se practicaba con anterioridad. Eso se observa en la vida cotidiana, en el trabajo, ya que también se habla de una resiliencia colectiva. También algunos ven el término como algo científico y otros como algo de la vida diaria. Incluso uno se plantea "¡Pero yo también soy resiliente!", y empieza a reconocer sus propios valores.

Nuestra idea es que la resiliencia ayuda a la autoestima porque uno se encuentra que la vida es difícil y que las dificultades están siempre presentes. La resiliencia es una aplicación a la psicología del ser humano que aparece después de muchos estudios realizados, sobre todo, por anglosajones. Por ejemplo, Werner empezó a observar a los niños de una isla que nacían con bajo peso, hijos de madres adolescentes, donde todos los elementos de riesgo hacían predecir un resultado negativo en sus vidas. Y, después de treinta años de estudio, demostró que esas personas no habían evolucionado como las predicciones epidemiológicas lo suponían, sino que habían presentado una buena evolución.

Entonces, cabría formularse la pregunta inversa: ¿Qué tenían aquellos que habían evolucionado bien? Porque eso es lo que tenemos que fortalecer, dado que siempre que hablamos de factores de riesgo estudiamos cómo poner una valla entre el riesgo y el individuo. Por ejemplo, se dice que los hijos de las madres adolescentes solteras tienen posibilidades de mayor riesgo en cuanto a su crecimiento, su educación, respecto a los de las madres adultas en hogares constituidos. A partir de esa noción, en muchos países se implementaron leyes que protegen a los hijos de madres adolescentes. Entonces, se empezó a ver qué era lo que se quería, a qué no había que ponerle vallas, sino favorecer. Creemos que cambió la mirada. Esto sucedió con los trabajos de Werner, pero también se evidencia en los estudios de Bater, en Inglaterra, sobre adolescentes prostitutas. En ellos, vio que muchas llegaban a tener una familia, es decir, dejaban la "actividad" para tener una situación positiva reflejada en una familia. Entonces, comenzó a comparar a estas prostitutas que podían rehacer su vida con las que no lo hacían. Y así fueron los sucesivos estudios. Luego, Vanistendael, científico holandés radicado en Ginebra, sostuvo que no todos los seres humanos sucumben frente a la adversidad, y no sólo no sucumben sino que salen fortalecidos. En el último libro de Cirulnyk editado en Argentina, se trata el tema de los niños sobrevivientes de los campos de concentración. Allí se afirma que no siempre nuestra mirada es la mirada del que sufre la adversidad. Siempre nos acordamos del caso de un señor de Los Andes, en Chile, al que le faltaban las dos piernas, que se compadecía de otro que sufría depresión. Y la verdad es que la depresión es mucho más deteriorante para la vida humana que el hecho de que nos falte un miembro.

La palabra "resiliencia" proviene del latín y es un término utilizado en la ciencia: es la propiedad que tiene un cuerpo de recuperar la forma, una vez que la agresión que lo deformó ha sido superada. Ustedes saben que los puentes se deforman; sin embargo, se estudia la resiliencia de los puentes a través de una fórmula matemática que permite conocer la vida útil de un puente. La resiliencia es una especie de acuerdo entre dos circunstancias: sobreponerse a la adversidad y, además, construir sobre ella. Mucha gente dice: "Esto terrible que me ha pasado me ha venido bien porque ahora yo puedo reaccionar." El jugador de fútbol Valdano, a quien le dicen "el filósofo", se lesionó en pleno auge de su carrera y manifestó que, gracias a ello, se pudo retirar en un buen momento y construir otro tipo de carrera (DT en Europa).

Entonces, la resiliencia es un proceso dinámico que tiene como resultado la adaptación positiva en un contexto negativo. El tema que nos convoca, el ADHD, es visto por muchos como una situación de adversidad. Entonces, ¿qué es la adversidad? Puede ser una constelación de muchos factores o puede ser una situación más específica. La constelación de factores es, por ejemplo, vivir en la pobreza. ¿Por qué vivir en la pobreza es adverso? Por todas las cosas que rodean ese vivir en la pobreza: hacinamiento, desnutrición, enfermedades, inseguridad.

Se habla, entonces, de un modelo de desafío, dentro de un marco ético y moral de la comunidad La resiliencia aparecía a través del estudio de modelos de riesgo, que es el modelo epidemiológico actual. Allí, según Werner, todos los componentes que predecían un daño estaban usando criterios epidemiológicos que partían de la norma negativa. El modelo de riesgo ha sido un modelo de desafío, y el modelo de desafío está en la medida en que ese conjunto de factores esté ayudando para la construcción de una personalidad resiliente. En vez de colocar las cosas negativas que podían predecir un riesgo, se trata de colocar las cosas positivas. Esto sería lo que conocemos como trama o modelo desafío. Sin embargo, todavía no lo tenemos tan elaborado como el antiguo modelo de riesgo. Y siempre está dentro de un marco moral de la comunidad. Esto se liga con el concepto de éxito porque, hasta en casos como el de abuso o el de las organizaciones de narcotraficantes, podemos hablar de éxito, que incluso devuelve a su comunidad beneficios económicos y sociales. Sin embargo, éste no puede considerarse un modelo resiliente, ya que el narcotraficante construyó su éxito y su fortuna sobre la base de la destrucción de los seres humanos consumidores de droga. Porque el éxito alcanzado está en relación con la adquisición de valores según el modelo neoliberal. Lo esencial es que uno crea resiliencia a través de valores éticos y morales de su comunidad. Esto creemos que es fundamental porque, si no, estaríamos en un "todo está permitido". Otra posibilidad es la construcción positiva, que vemos como la capacidad de desarrollarse como persona en su totalidad o la capacidad de autogestionarse en su persona.

Veamos, entonces, la búsqueda de aquellos componentes de la persona que tienen más posibilidades de generar resiliencia. De hecho, hay personas que son de por sí más resilientes, y esto llevó a que, cuando se buscaba un nombre, en un principio, se hablaba de "niños invulnerables". Este concepto tiene dos errores: el primero es que suponía una suerte de "seres superiores", al igual que la ideología fascista; el otro es que, a través de los tiempos, nadie es invulnerable. De hecho, nadie es resiliente en forma permanente, si no que más bien se habla de "estar resiliente" en vez de "ser resiliente". Vemos que hay niños que de por sí son más resilientes que otros, incluso en una misma familia.

También se está buscando mucho cómo fortalecer aquellos componentes de lo que llamaríamos el perfil del niño resiliente. En el centro está la autoestima (en relación con un esquema de círculos concéntricos), que no es otra cosa que la exacta valoración de cada uno, y no una valoración en función de una comparación. La autoestima se tiene o se desarrolla. Después, está la perspicacia, la capacidad de percibir en una situación emocional, ver cuáles son los componentes de esta situación que se esconden. Un buen ejemplo lo constituyen los hijos de padres alcohólicos, quienes, según un estudio de resiliencia y alcohol hecho en los Estados Unidos, llegan a desarrollar mucho el sentido del oído y, de esta manera, perciben cuando el padre llega alcoholizado. Entonces, la respuesta resiliente sería evitar el enfrentamiento con ese padre alcoholizado, ya que, gracias a este sentido del oído hiperdesarrollado, distinguen los pasos del padre cuando éste está ebrio.

Otro aspecto es la iniciativa, que las escuelas, en su gran mayoría, precisamente, bloquean o, por lo menos, lo intentan. Podemos entender como iniciativa la capacidad de ofrecer nuevas soluciones a la misma problemática. Muchas veces el adulto o la escuela terminan inhibiéndola.

Respecto de la creatividad, sabemos que los niños que la desarrollan son más resilientes. Esto se ve mucho en niños en situaciones de riesgo, en la capacidad de evadirse mentalmente o por medio de dibujos o del canto. Hay un caso publicado en los Estados Unidos acerca de unos niños que fueron secuestrados con su maestra. Mientras el secuestrador los mantenía amenazados con un arma, la maestra trataba de que ellos cantaran mientras fuera posible, es decir, trataban de vivir ese duro momento con creatividad. Luego, la policía irrumpió en forma violenta con sus armas para rescatarlos, y ese preciso momento fue el que los niños vivieron como adverso.

Otro factor positivo es la conciencia social. Se ha visto que los niños que tienen mayor generosidad son los niños más resilientes. Por ejemplo, en estos días en nuestro país la solidaridad es algo muy fuerte, muy positivo. Los grupos solidarios le dan fuerzas a uno para continuar. Pero en situaciones habituales, en la escuela, los niños resilientes son aquellos que comparten sus lápices con sus compañeros, que están dispuestos a ayudar. Así, cuando se estudia la resiliencia en el trabajo, uno de los aspectos es la asistencia del compañero solidario.

Creemos que lo que sucede con la resiliencia es que rescató términos que habían perdido valor, y ha captado la espiritualidad como un gran valor. Estamos hablando de valores que van a ir construyendo la resiliencia.

Dejamos para el final el humor: la película *La vida es bella*, que está basada en una historia real, y que nos interesa porque la persona que asesoró al productor y al director trabaja en el área de resiliencia. En la guerra, después del holocausto, una comisión de sobrevivientes pudo ir recuperando cosas que no habían sido tan negativas, lo que posibilitó una apertura de ese cofre donde guardaban el sufrimiento. Cuando un grupo puede tomar aquellos componentes del humor, se dice que la tragedia pasa a ser un poco comedia. Es cierto que hay personas que tienen más sentido del humor que otras; sin embargo, en estas últimas puede suceder que el humor no sea cultivado. Cuando la maestra decía "¿Ustedes de qué se ríen?", no estaba haciendo otra cosa que reprimir el humor.

Vanistendael es uno de los grandes pensadores que construyen permanentemente el campo de la resiliencia, y ha escrito un libro acerca del humor y la resiliencia. En él aparece un dibujo de una flor que grafica la relación entre el humor y la resiliencia. A cada pétalo le corresponde un factor de unión entre estos aspectos. Así, dice que produce una nueva perspectiva, que toma una distancia interna con lo que sucede, y además la aceptación de lo imperfecto. Al mismo tiempo, le permite una libertad interna y la posibilidad de reírse de sí mismo. Y, continuando con el esquema de la flor, así como ella, el humor también necesita un clima, que está dado por el enfoque de la resiliencia. Hay que mirar desde el lado positivo y pensar qué componentes positivos pueden rescatarse.

Quisiéramos que vean cuáles son las fuentes de la resiliencia. Por un lado, se habla de ciertas condiciones genéticas, como el temperamento, el sentido del humor; pero también encontramos lo que se denomina fortaleza intrapsíquica, que se relaciona íntimamente con el sentido de la fe, de tener creencias religiosas, pero aquellas que liberan al hombre. También podemos hablar del control de los impulsos, la autoestima, el altruismo, como fortalezas intrapsíquicas. Como factores de resiliencia que favorecen estos procesos, tenemos la focalización de la atención, el mantenimiento de la concentración y la anticipación, o sea, la capacidad de prever lo que va a suceder. Solución de problemas, alerta emocional, uso de la fantasía y expresión creativa completan esta lista de factores de fortaleza intrapsíquica. Sería interesante ver hasta qué punto esto se puede desarrollar a través de distintas técnicas. Vanistendael habla de medios que favorecen. Y aquí aparecen el cariño y el apego; el afecto, el amor incondicional. Se dice que las madres judías o latinas condicionan el afecto a la conducta.

Otro aspecto importante en la construcción de la resiliencia es la comunicación preverbal, muy señalada por los grupos anglosajones, donde el afecto, en general, no se expresa, y menos corporalmente. Una de las ventajas que tenemos los latinos es esta facilidad de expresar los afectos, de jerarquizar esta comunicación preverbal. Además, son importantes el modelo de comportamiento y la presencia de ritos y tradiciones, sobre todo en cuanto a resiliencia comunitaria. Por ejemplo, cuando observamos grupos de poblaciones marginadas de diferente origen, vemos que los paraguayos tienen una actitud mucho más orgullosa que los bolivianos, quienes denotan mucho más sumisión.

Otro aspecto es el sistema de premios y estímulos, tan importante en la problemática de la conducta y la educación que hoy nos convoca. Se trata del uso de contratos, de amplia utilización en los Estados Unidos y mucho menos en nuestro país. Finalmente, es importante la aceptación de los pares. Esto no es nada nuevo para nosotros. Creo que una de las cualidades de la resiliencia es haber reunido todos estos aspectos alrededor de un mismo concepto.

Pregunta del público: ¿Qué hacen en el CIER?

Dra. Mabel Munist: En el CIER, dependiente de la Universidad de Lanús, ayudamos a los grupos que están investigando. Son grupos que están trabajando en resiliencia con niños de áreas excluidas. En este momento, estamos trabajando en un proyecto que se realiza en la quebrada de Humahuaca. La forma antigua de trabajar era la siguiente: si la gente tenía hambre, se creaban comedores; si la gente no sabía leer, se construían escuelas. Desde la óptica de la resiliencia, se trabaja no en la solución del problema, sino en el desarrollo de las posibles soluciones. Se está haciendo un importante trabajo destruyendo los mitos tradicionales de los adultos no indígenas. Uno de los principales problemas observados en las comunidades indígenas es el de la incomunicación o la pobreza del lenguaje. Los proyectos en resiliencia trabajan en estos aspectos.

Se realizó en los Estados Unidos una investigación muy importante en la que participaron 22 países del mundo para determinar cómo las pautas de crianza influenciaban en la resiliencia. Según este estudio, una de las pautas de crianza que no favorece la resiliencia es el machismo. También en este trabajo se identificaron factores que ayudaban a que un niño se criara resiliente. Éstos son: el yo tengo, yo soy, yo puedo y yo estoy. Yo soy una persona por la que otros sienten aprecio y cariño, feliz cuando sucede algo bueno para los demás, a quienes les demuestro mi afecto. Respetuoso de mí mismo y de mi prójimo, dispuesto a responsabilizarme de mis actos.

¿Cómo se rescata a un niño que no es resiliente? Se trata de fortalecer su autoestima, de generar un sentido de pertenencia.

Siguiendo con el desarrollo de los factores de resiliencia, vemos que el "yo puedo" incluye: hablar sobre las cosas que me asustan o me inquietan, buscar la manera de resolver mis problemas, controlarme cuando tengo ganas de hacer algo peligroso.

Otra situación que favorece la resiliencia es que la familia del niño cuente con un proyecto, por más humilde que sea, y trabaje por él.

"Yo tengo" personas en quienes confío y me quieren incondicionalmente, gente que me pone límites. Aquí aparece esa cuestión de la educación, los límites como factor de fortalecimiento y no como mero castigo. Tengo gente que me muestra las maneras de proceder, pero que quiere que aprenda a desenvolverme solo y que me ayuda cuando estoy enfermo.

Para terminar, veamos cuáles son los factores sociales de riesgo y cuáles son los factores protectores. Riesgo: exclusión, discriminación, "invisibilidad". Y como factores protectores: el reconocimiento de sus valores para la sociedad y el protagonismo de su propio individualismo.

Para dejarlos con un pensamiento, les vamos a leer lo que dijo una adolescente norteamericana acerca de la disparidad entre el mundo que nos proponemos y el mundo real: "Qué ropa usar, dónde comprar, cómo besar, cómo parar, cómo arreglar mejor mi pelo, cómo llenar mi suéter nuevo, qué decir cuando lo veo, qué hacer para impresionarlo, cómo portarme, cómo ser, cómo llegar a ser alguien, dónde ir, en quién confiar; debo averiguar esto, pero me paso el día en la escuela aprendiendo gramática y matemáticas."

ADHD Y FAMILIA. UNA HISTORIA FAMILIAR

Mesa redonda
Padres de un adolescente con ADHD
Introducción del doctor José María Moyano Walker

Ésta es la última de las actividades dentro del marco de las *II Jornadas interdisciplinarias sobre síndrome de hiperactividad y déficit de atención*, y la *I Jornada sobre resiliencia aplicada al ADHD*. Y hoy la posta la van a tomar familiares de niños con ADHD, por eso la dejamos para el final. Tenemos un matrimonio que va a regular el debate, ya que ellos tienen un hijo con estas características, pero el resto de los familiares son no sólo padres, sino también abuelos, tíos, amigos, vecinos, conocidos, etc. Antes de que ellos comiencen a contar sus experiencias, voy a hacer un par de referencias. Ayer hablamos un poco de que, cuando uno forma parte de alguna asociación de padres alrededor de un problema de salud, aparecen cosas muy positivas y otras no tanto. Lo primero no tan positivo es que se nuclea a un conjunto de gente alrededor de un problema, de algo que no anda bien. Ése es el motivo para que un grupo de gente que no se conocía previamente se reúna. Mucho más saludable sería que la gente se reuniera para festejar, para compartir algo que anda bien. Si lo que nos convoca nos hace sufrir, nos duele, entonces hay que trabajar mucho para que eso que nos convoca no termine arrastrándonos a algo peor de lo que queríamos evitar cuando decidimos reunirnos. Dentro de las ventajas de este tipo de agrupaciones, vemos que hay más ganas de hacer cosas; podemos informar al resto de la comunidad, podemos prevenir, también podemos conseguir apoyo, ya sea económico en el caso de las fundaciones, las ONG, si uno quiere hacer cursos, editar y distribuir material gráfico, etc. Todo esto cuesta dinero, y en la Argentina que estamos viviendo nadie tiene recursos para financiar nada, aunque quiera, por lo cual muchas de estas organizaciones que se van formando necesitan obtener esos recursos de otras fuentes. La parte positiva es que estos recursos se van a conseguir, por ejemplo, para mayor información de la población. En definitiva, para mejorar la calidad de vida.

Pero hay organizaciones de padres, fundaciones o grupos acerca de los cuales, cuando estamos hablando de salud, convendría hacer algunas distinciones. Aprovecho para presentar al presidente de la Asociación X Frágil de Argentina. Él es un papá, como muchos de los que están hoy aquí, de un chico con problemas. No se trata del mismo problema de salud que nos convoca en estos días, pero comparte algunos síntomas con el ADHD. Sin embargo, el futuro de los chicos con X Frágil es muy diferente del de los niños con ADHD. Las asociaciones de padres de niños con problemas de salud son muy diferentes cuando se trata de que la unión de estos padres sirva para ayudar a que ese chico tenga una mejor calidad de vida, aunque su problema de salud sea irreversible y en algunos casos deteriorante. Además, esa asociación de padres alrededor de un problema de salud puede llegar, por motivos sociales o culturales, a cambiar la óptica de una sociedad hacia el problema, de un modo radical. Por ejemplo, existe ASDRA, que es la asociación de padres de niños con síndrome de *down*, o esta asociación X Frágil, un síndrome comprobado genéticamente, ya no en estudio como el ADHD, en el cual lamentablemente hay una irreversibilidad genética. Así, dirigidas por padres de chicos con síndrome de *down*, las asociaciones pueden hacer lo imposible para mejorar la calidad de vida y, de hecho, lo hicieron muy bien: hace años los niños *down* eran encerrados, mientras que ahora comparten aulas con chicos sanos. Lo mismo sucede con el X Frágil. Yo estoy absolutamente convencido de eso, por eso lo invité al presidente de la asociación, pero insisto en que hay una gran diferencia con el ADHD, ya que este último no es un síndrome genético comprobado e irreversible, por lo que, si somos padres de niños con estas características, no nos reunimos para decir que vamos a mejorar la calidad de vida de nuestros hijos que tienen un síndrome genético irreversible.

Entonces, las asociaciones de padres, dentro de estas perspectivas, tienen que tener muy clara cuál es su función y en qué medida van a ayudar a otros padres y a difundir información con la mayor objetividad posible. Sucede que, al ser todos familiares de chicos con la misma condición, puertas adentro van a funcionar de forma homogénea pero, al abrirse a la comunidad, ésta puede reaccionar de formas muy diferentes: puede comprenderlos, sentir empatía, o bien una indiferencia absoluta e incluso manifestar rechazo.

La idea de hoy no es tener una charla como un grupo homogéneo de familiares, sino formar un debate alrededor de chicos con problemas de inatención, impulsividad e hiperactividad; diferentes o enfermos, no lo sabemos, por eso durante el transcurso de las jornadas a mí me interesó que el debate se mantuviera abierto. Participaron neurólogos, y también otros profesionales con ópticas diametralmente opuestas que, sin embargo, forman parte del problema. Estas visiones no se pueden negar y pueden llegar a ser —me atrevo a decir— compatibles. Lo que pasa es que hay que buscar esa compatibilidad. La idea es, entonces, que ese pluralismo se mantenga en cada uno de nosotros al referirnos al síndrome de hiperactividad y déficit de atención. En definitiva, creo que la mayor utilidad de este tipo de asociaciones es la de poder modificar actitudes del sistema docente y de salud. Y eso es posible. Ayer la gente que habló sobre la teoría de las inteligencias múltiples aclaraba que se podía aplicar en cualquier escuela, siempre que existiera la voluntad de cambio en el personal docente. Incluso la licenciada Boschin, que forma parte del plantel directivo docente del Gobierno de la Ciudad de Buenos Aires, dice que en las escuelas públicas existen los mecanismos para realizar el cambio. Entonces, si en las escuelas existen los instrumentos, y lo sabemos, y nuestros hijos se van a beneficiar con ellos, debemos como asociación movilizar a las autoridades para que los utilicen. Ésta es una acción de un grupo de padres concreta, efectiva; no es propagandística y no va a molestar a nadie, salvo al docente que va a tener que trabajar más, si no quiere hacerlo. En cambio, el docente que sea consciente de su labor lo va a recibir de buen grado. Es cierto que los docentes están muy mal pagados, sobrecargados de trabajo, y deben actuar en las peores condiciones. Pero ¿quién está exento de esta realidad en nuestro país? Estoy convencido de que todo trabajo se puede hacer bien si realmente existe la voluntad de hacerlo. Se trata de una diferencia de actitud. Si el docente tiene el convencimiento de realizar un cambio en favor de sus alumnos, lo va a hacer. De a poco, como sea, pero lo va a lograr, aunque eso implique luchar permanentemente contra un sistema escolar obsoleto. Los profesionales de CEDAI tenemos la oportunidad de observar la realidad de los padres y de las autoridades escolares porque trabajamos con ambos. Y si hay algo en lo que coincidimos todos es que los padres tienen la misma preocupación que los docentes. Se trata, entonces, de que, como padres, busquemos al docente que se preocupe por nuestros hijos, y seguro lo vamos a encontrar; y, mientras tanto, debemos concientizar al resto. También es importante cómo transmitimos nosotros, los padres, nuestras preocupaciones a los docentes.

A raíz de esto, me viene a la memoria un episodio de mi época de médico de guardia. Como ustedes saben, uno de los temas conflictivos entre el pediatra y los padres de sus pacientes es el uso y abuso de los antibióticos. Generalmente, como padre, uno quiere que su hijo reciba antibiótico cada vez que tiene fiebre y, desde el lugar del pediatra, es muy difícil convencerlo de que no siempre el antibiótico es la mejor opción. Una vez, estando yo de guardia, apareció un señor muy enojado y antes de saludarme siquiera me preguntó si le iba a dar antibióticos a su hijo, ya que, de lo contrario, se iría a otro hospital. Una vez que se hubo calmado y pudimos hablar un poco, me contó que yo era el quinto médico que veía en esa tarde, y ninguno le había querido recetar antibióticos. Sin embargo, la forma de realizar su pedido a mí me llegó muy violentamente, aunque posiblemente la primera vez que lo solicitó lo haya hecho en forma más amigable.

Para ir redondeando esto que fuimos hablando, vemos una transparencia que muestra la cara de un chico con una etiqueta sobreimpresa que dice "etiquetado", que es lo que nosotros no queremos que pase con los niños afectados con el ADHD. En esta otra imagen, vemos que el concepto de atención del ADHD y su diagnóstico está rodeado de algunos conceptos como familia, sociedad, escuela y salud. Es decir, de todas las áreas desde donde podemos diagnosticar y tratar a un chico con síndrome de hiperactividad y déficit de atención. Desde el campo de la salud, el médico y el resto del equipo de profesionales (psicólogos, psicopedagogas) deben conocer en detalle las características de este síndrome, a la vez que deben conocer al niño y su grupo familiar. Se debe hacer una buena historia familiar, un examen físico y una adecuada semiología psicológica del niño y su familia. Finalmente, aunque no sea lo ideal, muchas veces no nos queda otra opción que utilizar los criterios diagnósticos del DSM-IV. ¿Por qué no nos queda otra opción? Porque no podemos ignorar que es el método más objetivo que hay hasta el momento; entonces, si no nos gusta, debemos mejorarlo o buscar otro mejor. Mientras tanto, es el método diagnóstico más aceptado internacionalmente. En CEDAI, hemos tratado de hacer eso respecto de los métodos de evaluación docente, ya que consideramos que en el nivel educativo es más urgente y, por otra parte, más fácil realizar una correcta evaluación.

Pregunta del público: ¿Todos los psicólogos usan los criterios del DSM-IV para realizar su diagnóstico?

Dr. Moyano Walker: No todos. Considero que dependerá de su formación, de su escuela psicológica. Un psicólogo conductista utilizará más estos criterios que un psicoanalista ortodoxo.

Aporte del público: Yo, como psicóloga, no soy muy amiga de utilizar el DSM-IV, pero las obras sociales piden constantemente que mis diagnósticos figuren en dichos criterios.

Dr. Moyano Walker: Porque es un nomenclador: ésa es la respuesta. Si se les enseña a los psicólogos a utilizarlo como un nomenclador, está bien. Ahora, si va a ser utilizado como una suerte de tratado de psiquiatría y psicología, está todo mal. El criterio clínico, ya sea médico o psicológico, no puede estar sujeto a una mera lista de patologías, dado que el DSM-IV no brinda la posibilidad de poner lo que piensa de sí.

Lic. Silvia Boschin: El DSM-IV no hace diagnóstico, sino que es un listado de síntomas que se pueden encontrar o no en un paciente dado. Un diagnóstico profundo debe ser cualitativo y no sólo cuantitativo.

Dr. Moyano Walker: Exactamente. Si yo soy un administrador de recursos de salud, me sirve mucho más el DSM-IV que un diagnóstico cualitativo profundo.

Volviendo al tema, vemos que, desde la escuela, la maestra es el agente actuante, así como el gabinete psicopedagógico, cuando la escuela lo tiene. Hay psicopedagogas que forman parte o no de un gabinete, y muchas veces encontramos escuelas que tienen una psicopedagoga que es la madre de uno de los alumnos y, por buena voluntad, actúa a veces de profesional del establecimiento. Y, con respecto al ADHD, concretamente, dentro del diagnóstico global, el segmento de salud ya lo hemos visto; entonces, dentro del espectro educativo, ¿con qué elementos cuenta el docente para realizar, no ya un diagnóstico, que no le compete, sino una evaluación de sus alumnos? ¿Cómo se puede dar cuenta la maestra de si un alumno es simplemente inquieto o travieso, o tiene un síndrome de hiperactividad y déficit de atención? Existe una serie de escalas y cuestionarios basados en el DSM-IV para evaluación docente, que son de mucha utilidad para el maestro de origen anglosajón, en tanto son meras traducciones de escalas utilizadas y pensadas para una cultura totalmente diferente de la nuestra, como la norteamericana o la europea. Pero no le son de utilidad al docente argentino o latinoamericano. Ejemplos de estos instrumentos son las escalas de Conners, y de Du Paul. Incluso una versión de las escalas de Conners modificada, de origen español, la de Farré y Narbona, adolece de algunos defectos a la hora de ser aplicada a los alumnos argentinos. Con respecto a la versión traducida, literal, del Conner, podemos decir que sólo tiene utilidad en países centroamericanos, como Puerto Rico, de cultura asimilada de la norteamericana. En el Congreso Internacional del CHADD *(Children and Adults with ADHD*, una organización norteamericana de familiares de niños y adultos con ADHD) del año 2001, en Anaheim, California, en ocasión de presentar las escalas de CEDAI, un psicólogo de Puerto Rico radicado en los Estados Unidos y responsable de la traducción de las escalas de Conner, me manifestaba su preocupación de que la versión castellana de ellas no se vendiera en América del Sur, sino sólo en América Central. ¡Es que los latinoamericanos del sur tenemos poco o nada que ver con los centroamericanos, casi ni siquiera compartimos el idioma!

En CEDAI realizamos una adaptación de las escalas de Conners que contempla más nuestra idiosincrasia. Surge de un trabajo realizado con 600 alumnos de escuelas de Buenos Aires, y creemos que es bastante representativo de las dificultades por las que atraviesan los alumnos y los docentes de todo el país. Porque precisamente lo que deja afuera el test de Conners es todo aquello relacionado con la esfera social, cultural y familiar. Y, por lo menos, en nuestra cultura no se puede realizar una evaluación responsable del ADHD sin tener en cuenta estos conceptos.

Muy bien, ahora pensemos qué hace la sociedad respecto de estos chicos que pueden presentar o no un ADHD. Los estímulos sensoriales en espacios públicos colmados de gente, por ejemplo, suelen desencadenar respuestas hiperactivas o impulsivas en niños con ADHD. También es importante la actitud de vecinos, amigos, padres de compañeros de escuela, con respecto al niño que presenta, sobre todo, hiperactividad o impulsividad. Muchas veces, el rechazo que provoca en su entorno no hace más que aumentar su alicaída autoestima. Por otra parte, actividades como campamentos o excursiones suelen favorecer a estos niños, al darles más libertad en su entorno. Experiencias realizadas en los Estados Unidos demuestran que, frente a las mismas exigencias académicas, los niños con ADHD responden mejor en entornos no convencionales, como campamentos y excursiones.

Por último, veremos el papel fundamental de la familia alrededor de este tipo de problemas. Aspectos como la implementación de la disciplina, el manejo de los límites, los roles paterno y materno son algunos de los que los expositores han tratado. ¿Qué pasa con los hermanos de un niño con ADHD? ¿Hay que tratarlos en forma diferente? Creo que tenemos que respetar su singularidad, tan importante como la del niño con ADHD, pero que pasa por otro lado y se manifiesta en forma diferente. Todos estos aspectos condicionan la dinámica familiar que, si no es debidamente atendida, puede alterar la estructura de la familia.

Los dejo con el matrimonio que nos va a contar su experiencia.

Padres de un adolescente con ADHD

Nosotros hace un año empezamos a promover las reuniones de padres para compartir experiencias y contar lo que nos pasa. Ayer, cuando realizamos el taller con otras mamás, descubrimos que teníamos muchísimo en común: sentimientos, circunstancias y situaciones que se repetían en cada caso. Esta nota que recibimos en el cuaderno de comunicaciones de nuestro hijo resume nuestro andar de once años dando vueltas por distintos consultorios: "Papis, necesitamos que nos autoricen a llevar a vuestro hijo al consultorio de la psicopedagoga que trabaja con el jardín para que le haga un psicodiagnóstico. Últimamente ha manifestado un retroceso en su aprendizaje." Así comenzó nuestra travesía de once años, o quizás antes, y nadie supo interpretarlo así. Signos tales como no lograr dibujar la figura humana o no poder colocar los muñequitos en el asiento del autito cuando otros chicos de su edad sí podían hacerlo no siempre pueden justificarse con el argumento de que los tiempos de maduración son diferentes para cada niño. No prestaba atención ni en la escuela ni en casa, había que repetirle diez veces lo mismo sin lograr que entendiera de qué le estábamos hablando, aunque él manifestara que sí entendía, y no podía quedarse quieto ni un instante, y se llevaba las cosas por delante. Son detalles que no pueden pasarse por alto y que no ocurren por casualidad. Si bien estos signos se hicieron más visibles a partir de la noticia de la llegada de un hermanito, a la distancia y haciendo memoria, nos dimos cuenta de que muchos de ellos estaban desde antes. Pero ninguno de los profesionales que consultamos lo entendió así y, de esta manera, comenzó nuestro deambular por consultorios de psicólogos, neurólogos, pediatras, sin obtener un diagnóstico ni resultados alentadores.

El tiempo seguía pasando y nuestro hijo no lograba recuperarse de sus sucesivos fracasos escolares, tanto en el aprendizaje como en lo social. A todo esto se le sumaba la sugerencia por parte de las autoridades escolares de cambiarlo de escuela, por considerar que la suya no era adecuada para nuestro hijo. Así hizo primer grado en una escuela, segundo grado en otra, en donde repitió dos veces, y a partir de tercer grado fue a otra, en la que anduvo relativamente mejor porque era de pocos alumnos por aula y, por lo tanto, la enseñanza era más personalizada. Asimismo, de tercero a sexto grado tuvo muchísimas dificultades que, en gran medida, logró superar en séptimo, gracias a una docente espectacular que supo entender la situación y lo ayudó como ninguna otra lo había hecho antes.

Y, mientras tanto, ¿qué pasaba en casa? Mucha angustia y desesperación por no encontrar ni las respuestas a lo que le pasaba ni la orientación adecuada para poder manejar la situación y ver que nuestro hijo, totalmente consciente de que algo no lo dejaba crecer, sufría los fracasos escolares y el rechazo de muchos amigos, e incluso de algunos de sus propios familiares. También tenía problemas con nuestro otro hijo, que sentía y sufría la desatención de sus padres.

No queremos que a otros chicos les pase lo mismo, no queremos que otros padres sufran lo que nosotros hemos sufrido. Entendemos que, para que un niño con esta problemática pueda superarse, debe vivir en un ambiente de armonía que sólo puede lograrse si los mayores que lo rodean cuentan también con una contención adecuada que les permita controlar sus angustias, de modo que éstas no se transmitan al niño.

A lo largo de todos estos años, visitamos infinidad de consultorios, y quien más nos acercó al ADHD fue un neurólogo que nos explicó que nuestro hijo tenía una especie de retardo de tiempo entre lo que nosotros le decíamos y el momento en el que él lo podía comprender; es decir que los tiempos de esa comunicación eran diferentes. Cuando recibió el informe de la psicóloga que lo trataba en ese momento, lo leyó y lo rompió ante nuestros ojos diciendo que era *"una porquería"*. Se inclinó más por el informe de la maestra que, según nuestra opinión, no era muy objetivo. ¿Y qué solución nos dio? ¡Nos dijo que siguiera yendo a la psicóloga!

En algún otro momento, un pediatra lo derivó a un neurólogo que le hizo un EEG, una tomografía computada, y le dio una medicación que, cuando la vio el pediatra que nos había derivado a ese mismo neurólogo, exclamó: *"¿Esto le dio? ¡Tire esta medicación ya mismo a la basura!"*

Dr. Moyano Walker: ¡Eso no es interdisciplina, es multidisciplina! Lo vio un neurólogo, un pediatra, una psicóloga, y ninguno coincidía con otros.

Padres: Una maestra llegó a decir que nuestro hijo era autista. La psicóloga que lo trataba en ese momento la llamó a la maestra para hablar, y ella lo tomó como si la profesional la estuviera evaluando y criticando; mientras tanto, el tiempo iba pasando y nosotros ya no sabíamos qué hacer. Cuando poníamos en práctica los consejos de la psicóloga, veíamos que empezaban a funcionar y decíamos: "¡Qué alivio!" Pero era como tomar una medicación durante un tiempo, hasta que el cuerpo se acostumbra y ya no responde. Al poco tiempo, volvía todo para atrás.

Después de todo lo que hemos aprendido, finalmente logramos el año pasado un tratamiento que dio muchísimos resultados. Ezequiel hoy tiene 17 años y está en tercer año. A mediados del año pasado, comenzó su tratamiento y eso se nota en las calificaciones.

Pregunta del público: ¿Qué tipo de tratamiento?

Padres: Un tratamiento psicopedagógico. Está siendo tratado por psicopedagogas y, además, nosotros estamos recibiendo asistencia psicológica.

Pregunta del público: ¿Y qué pasa con el hermanito? ¿También presenta signos de ADD?

Padres: No, Martín no. Él siempre fue todo lo contrario que Ezequiel. Era el que se sacaba siempre las mejores notas, el que no tenía problemas de conducta. En algún momento, nos llamaron de la escuela porque había comenzado a presentar algunos signos, pero luego vimos que eran circunstanciales, debido a un momento familiar.

Con respecto a las calificaciones, Ezequiel tenía hasta el año pasado, en el primer y segundo trimestres, aplazos en casi todas las materias, y en el tercer trimestre llegó a sacarse calificaciones de diez o nueve, que, sin embargo, no le alcanzaron para no llevarse esas materias, dado que ya era el último trimestre. ¡De reprobar once materias el año anterior, el año pasado se llevó cinco y las rindió todas en diciembre, y fue la primera vez en su vida que disfrutó de sus vacaciones sin tocar un libro, ya que en la primaria tenía que hacer recuperación todos los años! Imagínense la felicidad que mostraba cuando decía tener todas las vacaciones por delante. Incluso llegó un momento en que, aburrido, nos preguntaba qué hacer, porque nunca había pasado unas vacaciones sin tener que estudiar.

Comentario del público: ¡Qué bien se debe de sentir él! Qué bien se deben de sentir ustedes como padres al ver cómo él recupera su autoestima.

Pregunta del público: ¿El tratamiento tiene algo que ver con lo neurocognitivo?

Padres: No, solamente está realizando tratamiento psicopedagógico. No está tomando ningún tipo de medicación.

Pregunta del público: ¿Cómo era la relación con sus pares?

Padres: ¡Un desastre! Por eso no sufría el desarraigo con los cambios de escuela, ya que nunca lograba formar un grupo de amigos, excepto en la última escuela primaria, donde comenzó a mostrar signos de socialización.

Pregunta del público: ¿En algún momento mostró conductas autoagresivas?

Padres: No autoagresivas, pero quizás frente a alguna situación que le causaba conflicto o cuando tenía problemas en la escuela, le agarraba una especie de crisis de nervios y se "tiraba de los pelos". Pasó por ese tipo de cosas, pero nunca se lastimó a sí mismo. Lo que sí presentaba a veces eran ataques de gula: iba al quiosco y se compraba de todo para comerlo a escondidas. Por otro lado, nunca presentó problemas de agresión hacia otros chicos.

Pregunta del público: ¿Podía expresar todo lo que le estaba pasando con sus propias palabras?

Padres: Para nada. Cuando le preguntábamos qué le pasaba, adoptaba una actitud totalmente rígida y no se le podía sacar ni una palabra.

El tema era no poder dar con nadie que nos encaminara, que nos dijera cómo empezar a tratarlo y sacarlo adelante. El otro día, en el taller, veíamos que nos pasaba a todos los padres lo mismo: esa desesperación de no saber qué tiene el chico. Hay un factor que tenemos que tener en cuenta: paciencia. Uno debe armarse de paciencia, ya que eso lleva a cometer menos errores, a no transferir la angustia y la ansiedad de uno al chico. Es una tarea del día a día.

Este tipo de situaciones trae incluso problemas entre la pareja o con otros familiares: por ejemplo, en las fiestas familiares los primos lo apartaban.

Pregunta del público: ¿Era hiperactivo?

Padres: De chiquito sí; ahora, lo que hace es mover las manos o los pies como llevando el ritmo.

Pregunta del público: ¿Cómo planteaba él el tema de la atención?

Padres: Yo esto lo charlé con él muchas veces. Nos sentábamos y le contaba que cuando yo era chico era bastante vago, y no me gustaba estudiar. Así, descubrí que la mejor manera de pasar las pruebas sin necesidad de estudiar demasiado era prestar atención durante la clase. ¡Y él lo empezó a aplicar y le sirvió! No necesita estar mucho tiempo estudiando, y eso es algo por lo que nosotros al principio, equivocadamente, lo castigábamos o lo presionábamos con el fin de verlo sentado estudiando. Él ahora puede prestar atención sin mayor problema y también comenzó a mejorar su relación con otros chicos.

Con el tratamiento, también mejoró la relación con el hermano. Antes tenía amistades que no le duraban; ahora tiene su grupo de estudio y de salidas, y puede conservar sus amigos. Antes, los otros chicos no querían jugar con él.

Comentario del público: Por lo que han contado, parece que el hecho de que su hijo concurra a una escuela privada puede facilitar las cosas.

Silvia Boschin: Me permito disentir. Yo trabajo en el área educacional del Gobierno de la Ciudad de Buenos Aires con psicopedagogas de educación especial, con alumnos con problemas sensitivos y motores, y les puedo informar que existen escuelas para adultos, adolescentes y talleres, o sea, hay un amplio panorama de institutos y escuelas para chicos con un grave compromiso de la personalidad. En todos hay psicopedagogos, psicólogos, muchos de los cuales son profesionales que trabajan y colaboran con las escuelas comunes en proyectos de integración o, a veces, también hay maestros integradores.

Padres: Hay que aclarar que la escuela privada no es la panacea de nada; uno puede tener muy buenas escuelas, tanto estatales como privadas. Lo que sucede es que algunas escuelas privadas buscan, a lo largo de la currícula escolar, lograr un perfil de alumno característico de esa institución. Si el niño en cuestión no se adapta a ese perfil, es posible que las autoridades de la escuela no tengan interés en que ese niño permanezca en la institución.

Dr. Moyano Walker: Lo que tiene que quedar como idea es que, si los docentes tienen conceptos claros y voluntad de trabajo, no importa tanto si la escuela es privada o estatal.

Pregunta del público: Me gustaría saber cómo influyó el colegio en estos cambios que ha manifestado su hijo.

Padres: Nosotros hablamos en particular con cada profesor, por tratarse de una escuela secundaria. Esto complica las cosas, ya que en primaria, al tener dos o tres maestras, es más fácil; en cambio, ahora él tiene trece profesores diferentes. Algunos profesores pensaban que nuestro hijo era simplemente un vago. En esos casos les llevamos información acerca del ADHD; en general, con buenos resultados. Nosotros no pretendíamos que le tuvieran contemplaciones especiales, pero sí que comprendieran que no podían esperar que respondiera de la misma manera y con la misma velocidad que sus compañeros. Incluso Ezequiel cambió favorablemente su opinión acerca de sus profesores y mejoró mucho sus notas en las materias más conflictivas. Naturalmente, vamos a encontrar profesores que nos entiendan y otros que no, o que no nos quieran escuchar, pero siempre vale la pena intentarlo.

Pregunta del público: ¿Hay en su escuela gabinete psicopedagógico?

Padres: Sí, pero trabaja más con los alumnos de primaria; tienen más experiencia en chicos más chicos. Sin embargo, cuando estaba en segundo año, en ocasión de rendir una prueba (creo que era de contabilidad), estaba tan nervioso que la psicopedagoga de la escuela le pidió a la profesora que le tomara el examen al día siguiente. En definitiva, a pesar de que en secundaria la escuela no cuenta con un gabinete psicopedagógico, con la ayuda de los profesionales que tratan a Ezequiel y nuestra comunicación con la escuela, los progresos son importantísimos.

Incluso las cosas mejoraron en el nivel familiar. La abuela con la que se llevaba tan mal ahora lo llama todos los días, y él quiere ir a dormir a su casa, cosa que antes nunca había querido. Uno puede pensar que, simplemente, el hecho de sentirse escuchado y comprendido es suficiente para que mejore.

Dr. Moyano Walker: No nos olvidemos de que Ezequiel es adolescente y, como tantos chicos de su edad, sufre el rechazo casi generalizado de la sociedad, de las instituciones. Por eso, cuando los adolescentes dan con un profesor que los sabe escuchar, que se interesa por ellos, responden mucho mejor.

Pregunta del público: ¿Han tenido experiencia en compartir estas vivencias con otros padres?

Padres: Estamos coordinando un grupo de correo electrónico para padres de niños con ADHD y otros problemas de aprendizaje o conducta, y cada vez somos más.

Comentario del público: La importancia de los grupos de pares o de autoayuda es muy valiosa porque permite no sólo la contención de sus integrantes sino también el intercambio de experiencias. En esta reunión, donde los padres participan, se produce un fenómeno muy importante, que es que cada uno de los padres intercambia, como veo que lo están haciendo, sus experiencias, y aparecen dos lemas de los grupos de autoayuda: primero, *"Si él pudo, yo también voy a poder"*; y segundo: *"Si yo ayudo, llego antes al destino."*

Padres: Lo que pasa es que uno, a veces, siente que las cosas le suceden solamente a uno, y esto angustia mucho. Pero la unión de un grupo de personas que sienten que les pasa lo mismo, que se unen para buscar soluciones, ya es un paso importante. Uno puede canalizar sus sentimientos, contarles a otros padres lo que le está pasando y, a veces, por el contrario, cuando no se puede descargar esta angustia, uno se descarga con el hijo. Y es una relación de ida y vuelta: cuando uno se siente mejor, mejora también la relación con ese hijo, y éste responderá también positivamente.

Les queríamos leer algo que escribimos el año pasado para la lista del correo electrónico, una suerte de **manual para padres**:

1) Primeros síntomas y cómo interpretarlos.

2) La importancia de un diagnóstico correcto para llegar a una terapia adecuada.

3) Contención emocional tanto para los niños como para los padres.

4) La colaboración de la escuela.

5) La discriminación. Cómo actuar ante ella, tanto para el chico como para los padres.

6) Los amigos y los compañeros de la escuela.

7) El núcleo familiar y la familia ampliada (abuelos, tíos, primos, etc.).

8) Cambios de escuela y desarraigo.

9) La maestra: un aliado importante.

10) La vida en casa. El manejo de los límites y la instalación de consignas claras.

11) Estimular las actividades en las que se destaque. Aumentar la autoestima a través de una actividad extra como deportes, música. Sistema de recompensas.

Para concluir, queremos decirles que todos estos progresos que hemos logrado con nuestro hijo no fueron de un día para el otro, sino que nos han llevado años de sufrimiento y decepciones. Para despedirnos, un pequeño consejo, algo que a nosotros siempre nos dio muy buen resultado. Todos conocemos eso de "contar hasta diez" antes de explotar. En los casos en que la situación con nuestro hijo parecía no tener solución, que el conflicto iba a estallar, lo mandábamos a contar hasta diez o más, si era necesario. Y lo enviábamos lo suficientemente cerca como para escucharlo, y lo suficientemente lejos como para enfriar la situación. Le pedíamos que contara pausadamente, en voz alta, respirando en forma profunda. Eso permitía que se tranquilizara, que tuviera la mente ocupada en otra cosa distinta del tema del conflicto y redujera su ansiedad. Además, este ejercicio nos venía muy bien a nosotros como padres para recuperar nuestra tranquilidad. Otra cosa que nos ayudó mucho es el humor. Creemos que, a veces, hay que encontrarle una salida humorística a un conflicto para destrabarlo.

En definitiva, criar a un hijo con ADHD es una tarea maravillosa, agotadoramente maravillosa.

Muchas gracias.

Índice de autores

José María Moyano Walker
Médico pediatra especialista en medicina de la adolescencia. Director de CEDAI, Centro de Estudios sobre Déficit Atencional Infantil, Buenos Aires, Argentina.
jmmoyano@intramed.net.ar

Silvia Boschin
Licenciada en psicología, CEDAI.

Lorena Doto
Psicopedagoga, licenciada en psicología, CEDAI.

Cristina Angelini
Psicopedagoga, CEDAI.

Susana Conde
Socióloga, Área Programática del hospital Cosme Argerich, Buenos Aires.

Sergio Kosak
Neurólogo, hospital Raúl Larcade, INCUCAI.

Néstor Suárez Ojeda
Médico pediatra, especialista en salud pública, director de CIER, Universidad Nacional de Lanús, consultor OPS/OMS.

Mabel Munist
Médica pediatra, subdirectora del CIER, Universidad Nacional de Lanús.

Índice

Se terminó de imprimir en el mes de junio de 2004
en el Establecimiento Gráfico **LIBRIS S. R. L.**
MENDOZA 1523 • (B1824FJI) LANÚS OESTE
BUENOS AIRES • REPÚBLICA ARGENTINA